폭력과 시민다움

폭력과 시민다움
반폭력의 정치를 위하여

에티엔 발리바르 지음 | 진태원 옮김

난장
nanjang

일러두기

1. 한국어판의 번역대본으로 사용한 프랑스어판, 각주 첨부나 교정·교열 과정에서 참조한 영어판은 아래와 같다.

   - "Gewalt," *Historisch-Kritisches Wörterbuch des Marxismus*, Bd.5: Gegenöffentlichkeit bis Hegemonoalapparat, hrsg. Wolfgang Fritz Haug, Hamburg: Argument Verlag, 2001; "Violence et civilité: Sur les limites de l'anthropologie politique," *La question de l'humain entre l'éthique et l'anthropologie*, dir. Alfredo Gomez-Muller, Paris: L'Harmattan, 2004.
   ["'Gewalt': Violence et pouvoir dans l'histoire de la théorie marxiste"; "Sur les limites de l'anthropologie politique," *Violence et civilité: Wellek Library Lectures et autres essais de philosophie politique*, Paris: Galilée, 2010.]
   - "Reflections on 'Gewalt'," *Historical Materialism*, vol.17, no.1, trans. Peter Drucker, Leiden: Brill, 2009; "Violence and Civility: On the Limits of Political Anthropology," *Differences: A Journal of Feminist Cultural Studies*, vol.20, no.2-3, trans. Stephanie Bundy, Durham: Duke University Press, 2009.

2. 지은이 주는 1), 2), 3) ……으로, 옮긴이 주는 *, **, *** ……으로 표시했고, 모두 본문의 해당 부분 아래에 배치했다.

3. 지은이가 외국 문헌에서 인용한 구절의 경우 해당 문헌의 한국어판이 있으면 그것의 번역을 따랐다. 단, 해당 구절의 원문과 한국어판 번역이 뉘앙스에서 차이가 있다거나, 한국어판에 기타 번역상의 문제가 있다고 판단된 경우에는 옮긴이가 부분적으로 수정했다.

4. 단행본·정기간행물·팸플릿·영상물·공연물에는 겹낫표(『 』)를, 논문·기고문·단편·미술 등에는 홑낫표(「 」)를 사용했다.

차 례

1. '게발트': 맑스주의 이론사에서 본 폭력과 권력 **9**
   'Gewalt': Violence et pouvoir dans
   l'histoire de la théorie marxiste

2. 폭력과 시민다움: 정치적 인간학의 한계에 대하여 **93**
   Violence et civilité: Sur les limites
   de l'anthropologie politique

부록
역사에서 게발트가 행한 역할(프리드리히 엥겔스)^[발췌] **149**
Die Rolle der Gewalt in der Geschichte

더 읽을 만한 자료들 **191**
옮긴이 후기 **203**
찾아보기 **215**

1 '게발트'*

맑스주의 이론사에서 본 폭력과 권력

* 독일어 '게발트'(Gewalt)는 흔히 '폭력'으로 번역되지만 사실 그것으로 환원될 수 없는 다양한 의미를 지닌 단어이다. 데리다가 지적했다시피 이 단어는 "폭력과 적법한 권력, 정당화된 권위 모두를 뜻한다"(자크 데리다, 진태원 옮김, 『법의 힘』, 문학과지성사, 2004, 17쪽). 논문 제목으로 독일어 단어 '게발트'를 사용하고 있고, 본문에서도 계속 이 단어를 쓰고 있는 데서 알 수 있듯이 발리바르 역시 이 단어의 다의성에 유념하고 있다. 이 점을 감안해 발리바르가 '게발트'라는 독일어를 그대로 사용할 경우에는 그대로 음차하기로 하겠다.

맑스주의는 폭력 문제와 역설적 관계를 맺고 있다. '역사 속에서 폭력이 행한 역할,' 더 정확히 말하면 한편으로는 지배·착취형태(일차적으로는 자본주의), 다른 한편으로는 사회적 폭력의 구조적 양상과 계급투쟁·혁명과정의 필연성이라는 구조적 양상 사이의 접합을 이해하는 데, 그리하여 현대 정치의 조건과 쟁점을 정의하는 데 결정적으로 기여했는데도 불구하고, 맑스주의는 정치와 폭력을 대립물의 통일(이것 자체가 지극히 '폭력적'이다) 속에서 내적으로 결합하는 비극적 연계(서로 다른 시기에, 가령 투키디데스와 니콜로 마키아벨리 또는 막스 베버 같은 역사가들과 이론가들의 저작 속에서 모습을 드러낸 바 있는 연계)를 사유하는 데(따라서 그것과 대결하는 데) 근본적으로 무능력했기 때문이다.

사정이 이렇게 된 데는 몇 가지 이유가 있다. 그런 이유 중 하나는 맑스주의 이론이 하나의 지배형태(노동착취)를 절대적으로 특권화한 나머지 다른 지배형태들이 부수적인 현상처럼 나타났다는 점인데, 바로 이 때문에 여타의 다른 지배형태들이 폭력과 잔혹의 경제에서 수행하는 역할이 무시되거나 과소평가됐다. 또 다른 이유로는 인류의 생산력 발전이 곧 '진보'라고 보는 관점에 기입되어 있는 인간학적 낙관주의를 들 수 있겠다. 이 낙관주의는 사회구성체의 역사에 대한 맑스주의적 관점의 기본 공준을 이루고 있다. 마지막 이유는 역사를 '부정의 부정'(또는 유적 인간 본질의 소외와 화해)이라는 과정의 구체적 실현으로서 이해하는 형이상학적 관점 때문인데, 이런 관점은 폭력이란 정의로 전환하게 되어 있다는 신학적·철학적 도식을 맑스주의에 전달해줬다. 맑스와 그 계승자들의 사상(하지만 이 양자의 사상은 지적인 깊이에서 큰 편차를 지닌다) 속에서 이 두 가지 측면(한편으로 사회적 폭력의 극단적 형태와 그것의 역할을 인식한 점, 다른 한편으로 이런 극단적 형태가 제기하는 종별적spécifiquement 정치 문제를 인식하지 못한 점)이 서로 긴밀하게 연결되어 공존한다는 사실은, 공식적으로 맑스주의적인 운동으로 자처했던 사회운동과 혁명과정(그리고 그 지도세력이나 비판세력은 모두 맑스에게서 이런 운동과 과정을 '제어할' 수단을 찾았다)의 역사에서 계속 심각한 결과를 낳았다. 자본주의적 세계화의 현단계와 그것이 산출하는 모순들을 해결할 수 있는 정치적 대안의 탐색이라는 맥락에서 본다면, 이런 모순적인 두 측면의 공존이 야기하는 심각성은 더욱더 뚜렷하게 느껴진다. 하지만 맑스주의에 내재하는 이런 한계가 지난 두 세기 동안 맑스주의의 역사 속에서 폭력을 측정하고 그 쟁점을 정식화하려는 놀라운 지적 시도를 가로막았던 것은 아니다. 그와는 정반대이다. 이하의 논의에서 우리는 폭력에 관한 맑스와 맑스주의의 정식을 모두 소개할 생각은 없다. 그보다는 우리가 위에서 제기한 쟁점을 가장 두드러지게 보여주는 몇 개의 텍스트와 에피소드를 분석해볼 생각이다.

이 글은 다음과 같이 구성될 것이다. 우리는 먼저 게발트라는 문제에 관한 맑스주의의 '고전적' 교의를 서술했다고 간주될 수 있는 어느 한 텍스트, 즉 『역사에서 게발트가 행한 역할』(1895)[1]이라는 프리드리히 엥겔스의 유고 논문을 다시 읽는 것에서부터 시작할 것이다. 비록 완성되지는 못했지만 엥겔스의 이 텍스트는 (맑스 자신의 저술도 포함해) 우리가 언급하게 될 대부분의 다른 문헌보다 이론적으로 훨씬 더 엄밀하고 일관적이다. 바로 이런 점에서 이 텍스트가 맑스주의적 접근법이 직면한 몇 가지 근본적인 문제를 제기할 뿐만 아니

---

1) Friedrich Engels, "Die Rolle der Gewalt in der Geschichte," *Karl Marx -Friedrich Engels Werke*, vol.21, Berlin: Dietz Verlag, 1962. [본서의 부록으로 수록.] 또한 다음의 글도 참조하라. 프리드리히 엥겔스, 최인호 옮김, 「오이겐 뒤링 씨의 과학 변혁」(이하 「반-뒤링」), 『칼 맑스·프리드리히 엥겔스 저작선집 5』, 박종철출판사, 1994.

라, [또한 바로] 그 때문에 우리가 오늘날에도 여전히 의존하고 있는 다수의 토론과 비판을 산출한 것은 결코 우연이 아니다. 그런데도 어떤 이들은 이 텍스트를 단순화된 논의로 간주했고, 또 어떤 이들은 맑스의 정식화를 연장·변형한 것으로 간주했다. 따라서 우리는 이 텍스트의 지향성을 특징지은 뒤에 이중적인 전위轉位를 수행해야 할 것 같다. 한편으로 우리는 맑스 자신이 상이한 정세와 맥락에서 소묘한 게발트에 대한 가장 의미 있는 관점들로 소급해 되돌아가 이런 관점들이 함축하는 아포리아를 이해하도록 시도해봐야 한다. 이런 정식들 중 일부는 프락시스에 관한 행동주의 철학에 기초한 '영속혁명'의 도식과 결부되어 있고(1848년 혁명 전후), 일부는 정치경제학 비판에 내재하거나 그것과 관련되어 있고(우리는 뒤에서 '상품 물신숭배'의 이론화가 이런 정식과 관련해 아주 독특한 함의를 지님을 살펴볼 것이다), 마지막으로 19세기 사회주의의 다른 조류들과 행한 대결이라는 맥락에서 제기된 '프롤레타리아 정치'의 딜레마와 연결된 정식도 존재한다. 다른 한편으로는 거꾸로 엥겔스 이후 '맑스주의' 내부에서 전개된 교의상의 대립 양상을 소묘해보고 진단해봐야 할 텐데, 그 관련 자료가 방대하다는 사실을 감안해볼 때 이 논의는 불가피하게 개략적이 될 수밖에 없을 것 같다. 물론 이런 대립들은 20세기의 정치사에서 결정적 역할을 수행한 전략적 지향과 분리될 수 없다. 이 대립들은 사회운동과 사건들로 이뤄진 두 개의 거대한 순환에 상응하며, 이 두 순환은 시간상으로 서로 떨어져 있었지만 결국 중첩됐다. 반자본주의적 계급투쟁과 혁명의 순환, 그리고 반제국주의, 반식민주의, 이후의 포스트식민주의적 투쟁의 순환이 바로 그것이다. 본질적으로 오늘날 이 순환들은 그 고전적인 형태에서는 종결됐지만, 그것들이 낳은 질문 중 상당 부분은 '세계화'라는 근본적인 현상과 결부될 수 있는 현재의 역사적 정세 속에서 지속되고 있다. 바로 이 때문에, 무엇보다도 게발트의 본성과 정치적 기능이라는 질문에 대한 상반된 입장들에서 자라나온(또는 아마도 폭력혁명, 프롤레타리아 독재, 내전 등을 둘러싸고 전개된 볼세비즘과 사회민주주의의 대립에서 표본적으로 볼 수 있듯이, 본질적으로 이 점에 관한 상반된 입장에서 구성됐다고까지 말할 수도 있을) 맑스주의의 '이단들'은 현재 형성 중인 세계질서의 위기와 그 대안을 둘러싼 오늘날의 논쟁에서 (반드시 맑스주의의 이름을 내세우는 것은 아니고, 반드시 그 어법을 택하지는 않을지라도) 틀림없이 재등장하게 될 것이고, 각각의 계승자를 발견하게 될 것이다. 맑스주의 저작에 대한 세심한 재독해와 그 역사에 대한 해석이 흥미로운 것은 당연히 이 때문이다. 그렇게 되지 않는다면 이런 작업은 고고학적 의미 이상이 되지 못할 것이다.

결국 우리는 이 세 가지 준거를 가지고, 우리가 보기에 맑스주의의 역사 전체에서 그 기저에 존재했던 문제, 20세기의 '현실적 파국'(맑스주의는 이런 파국의 집행자이자 피해자였다)이 돌아올 수 없는 지점까지 몰고 갔던 문제를 해명해볼 수 있을 것이다. 이것은 맑스주의자들이 흔히 믿어왔던 것과는 달리 '개혁이냐 혁명이냐?'라는 양자택일의 문제가 아니다. 오히려 이것은 '혁명의 문명화'라는 문제(맑스주의자들이 깨닫지 못했지만 결정적이었던 문제)인 바, '정치를 문명화'하고 국가 자체를 문명화할 현실적 가능성은 거꾸로 여기에 의존한다. 이런 의미에서 이 글의 관건은 한 가지 질문(개인적으로 생각건대 이것은 **한 가지** 특수한 질문이 아니라 정치를 구성하는 **질문 자체**이다)에서 출발해 이론적이자 윤리적인 차원에서 맑스주의를 비판하는 일인데, 장래에 맑스주의를 활용할 가능성은 여기에 달려 있다.

1. 『역사에서 게발트가 행한 역할』: 변증법적 체계화의 시도

『역사에서 게발트가 행한 역할』로 알려진 소책자의 역사는 복잡하면서도 흥미롭다. 이 텍스트는 1875년 출간된 『오이겐 뒤링 씨의 과학 변혁』(이하 『반-뒤링』)의 '이론적' 장들을 떼어내 별도의 책으로 만들어 유물론적 역사관과 변증법적 방법의 독창성을 보여주는 동시에 '맑스주의자들'의 지도 아래 통합된(적어도 독일에서는 그랬고 다른 나라에서도 잠재적인 가능성이 엿보이고 있었는데, 훗날 '제2인터내셔널'을 결성한 것은 이 국가들의 사회민주주의 정당이었다) 노동운동의 교의·조직·전략 문제 등을 해결하려던 엥겔스의 시도 중 하나였다. 하지만『공상적 사회주의와 과학적 사회주의』라는 소책자와 달리 1887년 무렵 시작된 게발트의 역사적 역할에 관한 책은 저자 자신에 의해 완성되지 못했다. 1895~96년 에두아르트 베른슈타인이『노이에차이트』에 발표한 뒤 1937년『맑스·엥겔스 저작집』러시아어판 편집자가 펴낸 교정판 역시 엥겔스가 원래 기획했던 저작의 일부에 불과했다. 엥겔스의 초안에 따르면 원래 기획된 저작은 3부로 구성될 예정이었다. 제1부는 '게발트 이론 I, II, III'이라는 이름 아래 뒤링이 서술한 폭력관을 직접 반박하고 있는『반-뒤링』의 장들을 재수록하고, 제2부는『반-뒤링』의 앞 장들(제1부 9~10장)을 "도덕과 법/영원한 진리들-평등"이라는 제목 아래 재수록하고(결국은 포기됐다), 마지막 제3부는 프로이센 제국의 형태로 독일 통일을 달성한 오토 폰 비스마르크의 정치에 관해 완전히 새로 쓴 (미완성으로 남은) 논문으로 구성될 계획이었다. 그리고 여기에 서문이 붙을 예정이었는데, 지금은 이 서문 중에서 간략히 논지가 소묘된 부분만 남아 있다. 따라서 저작 전체는 맑스주의적 관점에서 '정치'의 문제를 이론적 각도(사회의 상부구조와 경제적 구조의 관계)와 실천적 각도(유럽 정치의 성격을 직접적으로 규정했고, 적어도 외관상으로는 사회주의혁명에 대한 전망을 근본적으로 변형시킨 문제에 대해 이론을 '적용하기')[2]에서 다루는 완결된 저작(뒤링이 이 저작의 단초를 제공한 셈이다)이 될 예정이었다.

저자가 의도한 이런 재구성은 이후 논의에 근본적으로 중요한 언어·용어법에 대한 논평으로 우리를 이끌고 간다. 독일어(맑스와 엥겔스, 그리고 초기 맑스주의자들이 저술할 때 쓴 언어) '게발트'에는 바이올런스[violence], 비올렌자[violenza], 푸브와르[pouvoir], 포테레[potere], 파워[power](이 단어들은 맥락에 따라 독일어 마흐트[Macht]나 헤르샤프트[Hereschaft]의 '번역어'로 사용될 수도 있다) 등 그에 상응하는 유럽의 다른 '등가어'에 담겨 있는 것보다 훨씬 더 넓은 의미가 있다. 그러므로 독일어 '외부에서' 볼 경우 게발트는 본질적으로 애매한 단어일 수밖에 없다. 이 단어는 법이나 정의의 반대말을 가리키는 동시에 법이나 정의의 실현 내지 어떤 제도(일반적으로는 국가)가 그 실현의 책임을 떠맡는 것도 가리킨다.[3] 이런 애매성(당연히 다른 저자들에게서도 이것이 나타난다)이 꼭 불편한 것만은 아니다. 이와 달리 이 애매성은 정치를 구성하는 잠재적 변증법

---

2) "이제 우리의 이론을 오늘날의 독일 역사, [비스마르크의] 철혈 정책으로 구현된 그 게발트의 실천(Gewaltspraxis)에 적용해보자. 우리는 이로부터 왜 철혈 정책이 한동안 성공을 거둘 수밖에 없었는지, 왜 궁극적으로 실패할 수밖에 없었는지 명료하게 파악할 수 있을 것이다." Engels, "Die Rolle der Gewalt in der Geschichte," p.407.

3) Sven Papcke, *Progressive Gewalt: Studien zum sozialen Widerstandsrecht*, Frankfurt: Fischer, 1972.

또는 '대립물의 통일'의 존재를 표시한다. 어떤 의미에서 엥겔스는 이런 변증법을 명시적으로 드러냈을 뿐이며, 우리가 여기서 파악해야 하는 것이 바로 이것이다. 이렇게 하기 위해서는 한편으로 모든 맥락에서 게발트라는 단어가 잠재적으로 지니고 있는 비규정성을 보존해야 하며(가령 '혁명적 게발트'라든가 '역사에서 게발트가 행한 혁명적 역할' 같이), 다른 한편으로는 (조르주 소렐과 그의 저작『폭력에 대한 성찰』에서 등장했다가 발터 벤야민의 「폭력의 비판을 위하여」에서 독일어로 다시 나타난) **폭력**의 '파괴적 측면'을 강조하기 위해, 또는 **권력**의 제도적 측면이나 심지어 '구성적/헌정적' 측면을 강조하기 위해('현실 사회주의'의 당 중심적 국가체계의 구성에서, 그리고 이 국가체계가 '프롤레타리아 독재'라는 통념에 부여한 해석에서는 이런 강조가 경향적으로 지배적인 위치에 있었다) 외국어[독일어 게발트]에 의지해야 한다.

　엥겔스의 기획은 '맑스주의'와 그에 대한 비판의 주요 준거점을 형성하게 될 테제들을 해석할 때 이 테제들이 정식화되고 결합된 정세, 즉 독일 제국이 **정초된 시기**인 1875~95년이 매우 중요함을 주목할 수 있게 해준다. 프리드리히 니체가 엥겔스와 정반대의 방향에서 뒤링을 비판하며 비스마르크의 권력국가^{Machtstaat} 설립에 대한 대안으로 '위대한 정치'를 철학적으로 정의하려고 시도했던 시기 역시 바로 이 시기라는 데 주목하자(『선악을 넘어서』와 『도덕의 계보학』은 각각 1886

년과 1887년에 출간됐다). 그리고 이 시기의 끝 무렵은 베버가 뒤링이 형이상학적 비판을 위해 사용한 몇 가지 주제(권력의 '악마적' 성격)를 받아들여, 정확히 말하면 포스트-비스마르크적인 '국민사회' 국가라는 관념을 정초하기 위해 베버가 최초의 '응용정치학' 논문(프라이부르크대학교 취임 강연인 「국민국가와 국민경제 정책」[1895]과 「국민사회 정당 창설에 대하여」[1896])을 출간한 시기와 일치한다.4) 바로 이 때문에 맑스로 되돌아가기에 앞서 엥겔스가 맑스의 저작에 대해 수행한 '맑스주의적' 해석의 결과를 살펴보는 것이 필요한 것처럼, 엥겔스의 정치적 '결론'에서부터 시작해 엥겔스의 소책자에 대한 독해를 시작해야 한다.

오늘날의 역사가들은 독일 통일의 꿈을 마침내 '실현'시켜준 수단인 '위로부터의 혁명'(비스마르크 자신이 만든 것은 아닐지 몰라도 어쨌든 그가 쓴 표현이다)에 대해 엥겔스가 수행한 분석을 여전히 가장 중시한다.5) 엥겔스의 분석은 서로 긴밀하게 결부된 몇 가지 문제를 제기한다. 엥겔스가 비스마르크의 현실정치Realpolitik에 열광했던 것의 의미와 한계라는

---

4) 최근 프랑스어로 출간된 베버 선집을 참조하라. Max Weber, *Oeuvres politiques*(1895-1919), éd. Élisabeth Kauffmann, intro. Catherine Colliot-Thélène. Paris: Albin Michel, 2004.

5) Heinrich August Winkler, *Der Lange Weg nach Westen*, vol.1: Deutsche Geschichte vom Ende des Alten Reiches bis zum Untergang der Weimarer Republik, München: C. H. Beck, 2000, p.178ff.

문제, 부르주아지에게는 자기 스스로 정치를 수행할 수 있는 능력이 없음을 긍정하는 엥겔스 테제의 타당성이라는 문제, 마지막으로 엥겔스의 텍스트가 미완성으로 그치게 된 원인이라는 문제가 바로 그것이다.

본질적으로 엥겔스는 비스마르크가 "독일 부르주아들의 의지를 거스르"지만 [결국엔] 그들의 이해관계를 지켜줄 정책(특히 군사 정책이 그랬는데, 보통선거제의 설립도 마찬가지였다)을 강제한 능력에 열광했다. 이렇게 보면 비스마르크는 1851년의 보나파르트주의 모델을 다시 채택한 셈이지만, 이 상주의적 정당화('인민의 자기결정권' 같은 것이 그것인데, 루이 보나파르트는 이 원리를 옹호했다)를 포기했다는 점에서는 그보다 훨씬 멀리 나아갔다. 독일 부르주아지가 자신들이 열망하던 국민적 통일을 실현할 상이한 '역사적 길들' 사이에서 이러지도 저러지도 못한 채 붙잡혀 있던 모순을 비스마르크가 해소할 수 있게 해준 '사실상의 독재'tatsächliche Diktatur를 거의 칼 슈미트 같은 식으로 서술하면서 엥겔스는 한편으로 부르주아지의 '이데올로기적 대표자들'이 사로잡혀 있던 도덕적·법적 자기기만을 파괴한 **현실정치**라는 관념과, 다른 한편으로 '혁명의 목적,' 곧 왕조의 이해관계와 소국가들 사이의 분쟁 때문에 독일에서 오랫동안 지체되어왔던 근대 국가의 형성이라는 목표에 봉사하는 '혁명의 수단'(예외적이고 반反헌정적인 수단)이라는 관념을 긴밀하게 결합한다. 엥겔스는 자유주의 사상과 이중으로 대립한다. 한편으로 엥겔스는 의회주의 원칙을 (적어도 역사가 제기한 '문제,' 즉 '불가능한' 독일 통일의 완수라는 문제의 해결이 게발트를 통해서만 이뤄질 수 있는 상황에서는) 역사적 무능력을 감추기 위한 이데올로기적 외피로 묘사하며, 다른 한편으로는 (적어도 1870~71년의 프로이센-프랑스[보불] 전쟁에 이르기까지) 비스마르크가 구현한 프로이센의 군사주의를 반동적인 힘이 아니라 진보의 힘으로 간주하고 있다.

하지만 이런 열광에는 한계가 있다. 엥겔스가 '철혈 재상'을 예찬한 것도 이런 한계를 드러내기 위해서가 아닌지 생각해볼 수도 있겠다. 임마누엘 칸트가 말했듯이 그들에게는 주인이 필요하다는 점을 부르주아지에게 보여줌으로써, 그들은 정치적으로 아무것도 아니라는 것을 증명함으로써(여기서 우리는 1945년 샤를 드 골 정부의 장관이던 앙드레 말로의 발언을 떠올리게 된다. "공산주의자들과 우리 사이에는 아무것도 존재하지 않는다") 엥겔스는 주인의 주인임이 밝혀지게 될 집합적 행위자(프롤레타리아트)가 무대에 등장하는 것을 준비한다. 이런 명제는 정확히 게발트라는 용어로 표현된다. 오직 두 개의 '게발트,' 국가와 인민만이 진정으로 역사를 만들며("정치에는 두 개의 결정적인 역량만이 존재한다. 조직화된 국가게발트Staatsgewalt인 군대, 그리고 미조직된 인민 대중의 기초적 게발트"[6]), 둘 중 하나는 불가피하게 다른 하나의 배턴을 이어

받아야 한다. 이렇게 될 이유는 (일단 목표를 달성하게 되면) 국민적 제국주의는 반동적인 제국주의가 **되어** 자신의 활동이 산출한 귀결을 제대로 관리하지 못하게 되기 때문이며(비스마르크가 관련 주민들의 감정에 **거슬러** 병합을 강행하고 국내 정치에서 치안적인 통치방법을 활용한 데서 볼 수 있듯이), 이제부터는 (1848년과 달리) 통일된 노동자계급이 "자신들이 원하는 바를 잘 알게" 되어 국가가 자신들을 통제하기 위해 사용하는 무기 자체를 국가에 대항해 사용할 수 있게 될 것이기 때문이다. 하지만 엥겔스가 '위대한 인물'의 역사적 역할에 대해 제시하는 이런 교정책(위대한 인물의 현실주의 자체는 결국 그 자신을 미망에 빠뜨리게 될 것이라는 점)이 모든 애매성을 제거하지는 못한다. 우리는 이 점을 앞서 언급했던 두 가지 다른 질문에 대한 분석에서 잘 엿볼 수 있다.

부르주아지의 이런 정치적 무능력은 이 계급의 구조적 특징인가 아니면 독일의 역사적 발전이 '지체'되고 '봉쇄'된 것과 정세적으로 연결되어 있는 현상인가? 맑스가 『프랑스에서의 계급투쟁』과 『루이 보나파르트의 브뤼메르 18일』에서 수행한 보나파르트주의 분석(국가장치의 '자율화,' 그리고 적대적인 계급세력이 서로를 중립화하는 방식 때문에 이런 장치에 구현되어 있는 '의지')을 채택하고 있는 엥겔스는 맑스 자

---

6) Engels, "Die Rolle der Gewalt in der Geschichte," p.431.

신이 겪은 어려움을 다시 겪게 된다. 엥겔스는 독일의 예외 내지 특수한 길Sonderweg이라는 테제에 특권을 부여하는 것처럼 보이지만, 이런 테제는 뒤집힐 수도 있다. 왜냐하면 독일 통일을 가로막은 장애물의 역사는 종교전쟁 이후 유럽 역사 전체가 집약되어 있는 역사이며, 이와 비교해볼 때 『공산당 선언』이 특권화하는 프랑스 혁명의 모델은 오히려 예외적인 것으로서 다시 반복될 것 같지 않기 때문이다. 요컨대 프랑스 혁명은 중세적인 지배체계를 폭력적으로 전복하고 '권력을 장악하기' 위해 부르주아지가 효과적으로 프롤레타리아트, 즉 인민 대중을 동원할 수 있었던 "너무 이르지도 않고 너무 늦지도 않은" 독특한 순간이었다. 그렇다면 갑자기 혁명이라는 통념 자체가 문제적인 것이 된다. '위로부터의 혁명'도 혁명인가? 정확히 말해 '혁명'이라는 용어가 동일한 계급투쟁 도식 안에 함께 기입될 수 없는 복수의 게발트 유형에 준거하고 있는 한 이 용어 자체는 어찌해볼 도리 없이 양의적兩義的이지 않은가? 우리는 이런 난점이 『반-뒤링』에서 빌려온 '이론적' 전개과정의 중심에도 존재한다는 것을 이제부터 살펴보게 될 텐데, 어쨌든 우리는 이런 난점 덕분에 벌써 엥겔스가 이 책의 집필을 중단하게 만든 장애물이 어떤 것이었는지 좀 더 잘 이해할 수 있게 된다.

　(맑스의 수많은 저술들처럼) 왜 이 텍스트는 완성되지 못했을까? 첫 번째 가설은 엥겔스가 본질적 요소를 빠뜨린, 비

스마르크 제국에 대한 자신의 분석을 완전히 '믿을' 수 없었다는 것이다. 엥겔스의 소묘가 '이 똥 같은 사회개혁'에 암묵적으로 준거하고 있다는 점은 시사적이다. 비스마르크는 루이 보나파르트보다 훨씬 더 계급투쟁의 통합 모델, 혹은 문자 이전의 '국민사회' 국가 모델의 발명가였으며, (반사회주의법7)이 극적으로 만든) 제국주의와 노동자계급의 대결에서 누가 승리할지는 (대부분의 맑스주의자들처럼 엥겔스도 분명히 평가절하한) 이런 발명에 얼마만큼 현실성Wirklichkeit을 부여할 수 있는가에 따라 판가름 날 것이었다. 이와 마찬가지로 프롤레타리아 정치를 특징짓기 위해 사용된 자생주의적 묘사("미조직된 인민 대중의 기초적 게발트")는 노동자계급이 자기 역사의 행위자로서 등장함을 예고하는 전환점을 표현하는 데는 필수적이지만, 엥겔스 자신이 건설 중이던 정당의 전망과는 모순됐다. 이것은 그보다 몇 년 전에 맑스가 종별적인 맑스주의적 담론을 진정으로 견지하지 못한 채 (미하일 바쿠닌의) 아나키즘적 정식과 (페르디난트 라살레의) 국가주의적 정식 사이에 갇혀 있던 것 같은 난점이었다. 앞 부분에

---

7) 빌헬름 1세에 대한 두 건의 시해 미수를 구실로 1878년 10월 19일 독일 제국의회에서 통과된 반사회주의법(Sozialistengesetz)은 "공공질서를 위협하는 사회민주주의 활동의 금지"를 골자로 하고 있다. 이 법은 1890년까지 효력을 지니고 있었는데, 선거와 의회 바깥의 모든 정치 활동을 금지해 사실상 정당 활동을 금지한 것과 다름없었다.

들어갈 이론적 장들[『반-뒤링』에서 따올 장들]에서처럼 게발트의 의미와 적용 조건을 규정하는 기준은 '역사의 의미/방향sens'이다. 문제는 보편사를 '가속'시키기 위해서든 '장애물'을 만들기 위해서든, 어떻게 **폭력**과 **권력**이 보편사의 과정에 개입하는지 아는 것이다. 하지만 이런 의미/방향 자체는 게발트의 형태들에 대한 선험적 위계화를 통해 정의된다. 국민 문제의 '해법'(더 일반적으로는 국민국가라는 형태를 통해 근대 부르주아 사회를 구성하는 것)이 보편사의 필수적인 계기 중 하나라는 것은 경험적·사변적으로 상정된 것에 불과하다. 게다가 인민 대중을 국가게발트의 장치 속으로 진입시킨 근대적 군사주의가 결국 스스로 자멸에 다다를 '궁극적' 모순을 낳는다는 생각은 부당 전제에 불과하다.

하지만 게발트 이론을 다루는 3개의 장에서 엥겔스가 만들어낸 변증법적 구축물은 놀랄 만큼 일관된 전체를 이루고 있다. 우리는 이것을 '전도inversion의 전도'로 규정해볼 수 있다. 뒤링의 게발트 이론에는 두 가지 기본적인 특징이 있다. 한편으로는 경제적 구조, 더 정확하게 말하면 전유·수탈관계가 권력/폭력 행위Gewalttaten, 곧 무력으로 강제된 복속Knechtung/Unterwerfung 과 지배Herrschaft/Beherrschung 현상이라는 '일차적 수준의 사실'에서 파생된다고 주장함으로써 역사유물론의 도식을 '전도'시킨다는 특징이 있다. 이렇게 되면 사회형태와 소유관계의 역사 전체는 **불의**라는 관점 아래 놓이게 된다. 다른 한편으로 뒤링의 이론은 추상적이거나 비역사적으로 정의되고, 특히 '인간에 대한 착취'와 '자연에 대한 착취,' '정치'와 '경제'의 대립 **아래에** 놓인(뒤링은 '폭력에 기초를 둔 소유'Gewalteigentum에 대해 언급한다) 형이상학적인 게발트 범주에 의거하고 있다. 이로부터 엥겔스가 정당하게 강조하듯이 뒤링의 논변은 심원하게 루소적인 어조를 띠고 있음을 알 수 있는데, 이와 대조적으로 엥겔스는 역사 전체에 걸쳐 자신의 파괴적 힘을 '극복'하거나 '지양'aufhebt함으로써 실체적인 인간공동체의 실현에 도달한다는 헤겔적 부정성 개념으로 복귀하는 경향이 있다.

엥겔스에게 무엇보다 중요한 것은 형이상학적 이념들의 천상으로부터 게발트를 끌어내려 **정치적** 변혁의 역사 속에 기입된 정치적 현상으로서 게발트를 분석하는 것이다. 여러 대목에서 [게발트와 정치라는] 두 통념 사이에는 단적인 등가 관계가 성립하는 것처럼 보인다. "그것은 게발트 행위Gewalttat였으며, 따라서 정치적 행위였다."[8] 사실 양자의 관계는 오히려 하나의 항이 다른 항에 포함되는 관계이다. 정치는 게발트를 포함하지만 그것으로 환원되지는 않는다. 또는 오히려 게발트는 모든 정치의 환원불가능한 구성소이며, 따라서 게발트에 의지하지 않는 정치적 행위를 생각하는 것은 미망에 불

---

8) 엥겔스, 「반-뒤링」, 175쪽.

과하다. 심지어 우리는 어떤 사회세력이나 계급이 문제이든
간에(따라서 여기에는 프롤레타리아 정치도 포함된다) 항상 결
정적인 역할을 수행하는 것은 이 게발트라는 요소가 아닌지
생각해볼 수도 있다. 이렇게 되면 (가령 전쟁과 구별되는) 특
별히 프롤레타리아적인 폭력 행위의 양상이 존재하는가라는
어려운 문제가 제기된다. 그럼에도 정치는 게발트로 환원되
지는 않으며, 이런 의미에서 결코 '적나라'하거나 '순수한' 게
발트는 존재하지 않는다. 게발트는 그것을 실행하는 경제적
수단을 전제할 뿐만 아니라 (부르주아적인 자유주의 사상이나
사회주의 같은) '표상'Vorstellungen과 (의회, 보통선거, 대중교육,
군대 같은) '제도'Einrichtungen의 측면도 포함하는 것이다. 앞서
지적했던 게발트의 다의성이 여기서 다시 나타나는데, 엥겔
스는 정치의 역사에 내재하는 변증법을 소묘하기 위해 이런
다의성을 활용한다. 실제로 게발트는 때로는 (특히 대외 전쟁
이든 내전이든 관계없이, 전쟁으로) 정치적 수단의 체계 일부
를 형성하는 조직된 **폭력**으로 간주되고, 때로는 **권력** 효과를
포함하며 정치적 행위를 함축하는 다른 용어에 의해 과잉 규
정되는 것처럼 보인다. 엥겔스가 생시몽적인 전통을 따라서
정치에는 제도적 요소를 위해 군사적 요소를 제한하는 경향,
자기 자신을 문명화하는 경향(이런 경향은 사회주의운동에 의
해 절정에 이른다)이 존재한다고 생각하는 듯 보일 때도 있
다. 하지만 엥겔스의 주요 논점은 (정치가 그 형식인) 계급투

쟁이란 궁극적·필연적으로 적대세력들(부르주아지와 프롤레타리아트) 간의 폭력적인 대결로 향하는 경향이 있으며, 이런 대립은 정치적 **폭력**의 두 가지 반反정립적 양상 사이의 대결이기도 하다는 점을 증명하는 것이다. 또는 더 정확히 말하면 엥겔스의 논변은 이런 대결이 착취·예속형태Herrschafts-und Knechtschaftsverhältnisse(G. W. F. 헤겔에게서 직접 유래한 표현)를 지양하려는 경향을 지닌 경제적 진화ökonomische Entwicklung의 내재적 필연성을 표현한다는 점을 보여주려고 한다.

헤겔의 역사변증법에서 이미 근본적인 역할을 수행한 바 있는 논리적 도식, 곧 역사적 **수단**(또는 '인간'이라는 **소재**)과 **목적**이라는 도식9)을 받아들였을 때 엥겔스의 논변은 정해진 것이나 마찬가지였다. 이 도식은 행위자(개인들, 특히 민족들peoples이나 '집합적 개인들')의 특수한 행동과 의도가 두 가지 수준에서 읽힐 수 있다는 점을 함축한다. 곧 직접적·의식적인 방식으로 보면 이런 행동과 의도는 우연적인 것으로 나타나지만 간접적인(그리고 비록 무의식적일지라도 규정적인) 방식으로 보면 필연적이다. 적어도 그 행동과 의도가 정신이 역사 속에서 추구하는 목적(정신 자신의 합리성)의 실현에 기여한다는 점에서는 그렇다. 하지만 헤겔은 좀 더 나아가며, 이 점에서 **이미** '역사에서 게발트가 행한 역할'에 대한 이론

---

9) G. W. F. 헤겔, 임석진 옮김, 『역사 속의 이성』, 지식산업사, 1992.

가였다고 할 만하다. 헤겔은 겉으로 보이는 인간 활동의 **비합리성**, 곧 인간 활동이 정념·갈등·폭력을 사용한다는 것은 사실 **모순적인 현상적 형태**일 뿐이며, 그 아래에서는 이성의 객관적 역량이 발현된다고 주장한다. 이로부터 헤겔 정치학의 '현실주의적' 성격이 나오는데, 엄밀히 말하면 이것은 그 '이상주의적/관념론적' 성격과 분리될 수 없다. 엥겔스에게서 이성의 목적론은 경제발전의 목적론, 즉 인류가 '원시'공동체의 해체와 잇따른 사적소유의 형태를 거쳐 자본주의적 생산력이 '사회화'됨으로써 그 조건이 마련되는 상위의 공동체를 재구성하는 방향으로 나아가는 목적론이 된다. 엥겔스가 정치적 게발트(특히 국가게발트)는 사회의 경제적 발전이라는 관점에서 볼 때 **기능적인** 경우에만, 그리고 (프랑스 혁명이 그랬듯이) 경제적 진화라는 방향을 따르는 경우에만 실효적/현실적wirksam/wirklich이라고 강조한 이유가 바로 이 때문이다.[10] 이와 마찬가지로 이로부터 심층의 경제적 논리와 관련해 정치적 영역에서 일어나는 **외양의 전도**에 관한 탁월한 이론이 나오게 되는데, 엥겔스는 이 이론으로 다음과 같은 점을 설명할 수 있게 된다. 정치사와 경제사 사이의 '괴리,' 이와 동시에 기본적인 계급투쟁에 대한 정치사상·세력·제도의 자율

---

10) 엥겔스는 게발트가 행하는 '사회적 직무 활동'(gesellschaftliche Amt-stätigkeit)에 대해 언급한다. 엥겔스, 「반-뒤링」, 197쪽.

성, 심지어 경제적으로 지배적인 계급이 정치적으로도 지배적인 계급이 되지 못하는 무능력까지(이것은 보나파르트주의와 비스마르크주의라는 문제, 요컨대 19세기에 '민중혁명' 내지 '아래로부터의 혁명'이 실패하고 '위로부터의 혁명'이 그것을 대체하는 문제와 연결되어 있다). 하지만 이런 전도는 일시적일 수밖에 없다. 더 정확히 말하면 이런 전도는 그 자체를 합리적으로 교정해갈 **이행적 형태**를 표상해야 한다. 이런 교정이 없다면 수단과 목적의 논리가 무너지게 될 테니.

그렇다고 엥겔스가 정신의 언어를 사용하는 헤겔의 도식을 경제적 진화의 도식으로 '번역'하는 데 만족했다고 믿는 것은 잘못이다. 게발트와 (맑스적인 의미에서) 계급구조의 관계에 대한 해석이 제기하는 문제의 특수성 때문에 엥겔스는 독창적인 논변을 만들어내게 됐다. 하지만 여기서 수단과 목적의 논리는 근본적으로 상이한 해석들로 분할되는 경향이 있으며, 각각의 해석은 고유한 문제를 제기하게 된다. **모든 조직된 폭력은 자신의 물질적 수단**(그리고 이런 수단들, 즉 기술·산업발전의 수준, 국가의 금융자원 등을 생산하는 경제적 수단)**에 직접 의존한다**는 점을 강조하는 첫 번째 해석은 본질적으로 정복 전쟁과 관련된다. 특히 이 해석은 무기개발 기술의 혁명에 따라 군사전략 형태의 역사를 서술하도록 이끌어간다. 이와 달리 두 번째 해석은 **제도적 폭력의 구조 속으로 대중이 통합되는 사회적 형태**를 강조하며, 국가게발트 자체 안에서 벌어지는 계급투쟁의 파급 효과와 관련되어 있다. 이 두 가지 해석은 상호보완적인 것으로 간주될 수도 있겠지만(엥겔스는 분명히 그렇게 되기를 원했을 것이다), 우리가 보기에는 양자를 대립시키는 것이 더 생산적일 것 같다. 단지 이 두 해석이 서로 상반되는 계승자를 얻기 때문인 것만이 아니라, "최종 심급에서 경제가 결정한다"는 통념에 완전히 상이한 의미를 부여하기 때문이기도 하다. 첫 번째 해석은 정치적인 것에 대한 경제적인 것의 우위를 파악하는 기술주의적 관점으로 귀착된다. 이런 관점은 정치적인 것의 자율성을 훨씬 더 축소시키지만, **생산수단**의 발전과 **파괴수단**(무기)의 발전이 역사적으로 평행하게 이뤄졌다는 점, 심지어 인류의 역사에서 보이는 **생산력**과 **파괴력**의 변증법(엥겔스는 최종심급에서 생산력이 우위를 지닌다고 주장하며 이런 변증법을 '낙관주의적'인 방식으로 해소한다)에 대한 결정적인 토론을 도입한다는 장점을 지니고 있다. 두 번째 해석은 '혁명'이라는 통념이 새로운 생산양식으로의 모든 이행과정에 **동일한 방식으로** 적용될 수 있는지 없는지를 결정하는 데서 훨씬 더 결정적이다. 우리는 엥겔스가 이 두 가지 극단 사이에서 놀라운 방식으로 동요한다는 점을 인정해야만 한다. 「게발트 이론 I」에서 부르주아지가 봉건제를 경제적으로 제거하는 과정은 프롤레타리아트가 부르주아지를 경제적으로 제거하는 과정으로 동일하게 반복되고 있는 중이라고 주장한 엥겔스는 「게발트 이론 II」에서 인민이 근대적 군대로 병합되는 (미국 혁명과 프랑스 혁명부터 프로이센의 군사주의에 이르는) 잇따른 형태들의 역사를 유례없는 대중의 정치적 교육과정으로, 국가게발트가 '인민 대중의 게발트'로 전도되고 억압적인 국가'기계'가 혁명적으로 철폐되는 맹아를 포함하는 과정으로 분석하기에 이른다("인민 대중이 …… [이를 통해] 의지를 갖게 되자마자 …… 기계가 말을 듣지 않는 것이며, 군사주의는 자체 발전의 변증법에 의해 몰락한다"[11]). 따라서 자본주의적 생산양식의 혁명이 가능하려면 계급투쟁이 하부구조에 한정되어서는 안 되며, 국가의 기능 한가운데로 침투해 그것을 전복시켜야 한다. 그러나 엥겔스는 감히 이런 결과를 확고하게 예언하려고 하지는 않으며, 같은 장의 마지막 대목에서는 오히려 군사주의의 몰락과 혁명을 양자택일의 두 항으로 제시한다.

엥겔스가 고안한 경제적·정치적 변증법은 결국 게발트가 합리성(헤겔에게서는 제도적·국가적 합리성, 엥겔스에게는 사회주의로 이끄는 경제적 진화의 합리성)으로 '전환'Verkehrung/Umbildung/Konversion되는 과정이 곧 역사의 과정이라고 생각할 수 있으며, 그리하여 게발트는 합리성의 현실화에 '외재적'이지 않을 뿐만 아니라 바로 게발트의 '극단적' 형태야말로 이성적인 것의 힘을 해명해주고 개인들(또는 대중. 엥겔스에

---

11) 엥겔스, 「반-뒤링」, 187쪽.

게서 개인들은 대중으로 대체된다)의 활동이 [세계의] 객관적 발전으로 통합되는 방식을 설명해준다는 관념을 헤겔로부터 계속 받아들인다. 여기서 나타나는 것은 일종의 게발트를 넘어서는 게발트인데, 이것은 게발트 자체가 지양되어야 할 필연성과 합치하는 것이다(이 표현[게발트를 넘어서는 게발트]은 엥겔스의 텍스트 속에 실질적으로 현존한다고 볼 수 있다. 특히 역사의 내재적 과정이 자신이 활용한 정치적 형식에 어떻게 한계를 부과하는지 보여주려고 할 때 그렇다. "부르주아지는 그들 자신의 행위가 이런 결과를 낳을 것을 결코 바라지 않았다. 그와 반대로 이런 결과는 그들의 의지나 의도에 반하여 거역할 수 없는 게발트로 실현됐다"[12]). 확실히 여기서 엥겔스는 자신이 뒤링으로부터 간파해낼 수 있다고 믿었던 것, 즉 지양하거나 파괴하기가 불가능한 '근본악'으로서의 **폭력**이라는 형이상학에 반대하고 있다. 그러나 비합리성을 합리성으로 변환시키거나 '외양의 전도'를 수행함으로써, 제거할 수 없는 '잉여'를 (심지어 오랫동안) 몰인식하는 위험을 안은 채 현실에 합리성을 '강압'forçage할 수 있는 역사적·정치적 과정의 해석 원칙으로 간주된 **형이상학적 폭력 개념**에 반대하고 있는지는 불분명하다. 따라서 (맑스주의의 대중화와 조직적인 정치적 활용을 가능케 해준 [엥겔스의]) 이런 변증법적 이론화에 맑스의 분

---

12) 엥겔스, 「반-뒤링」, 182쪽.

석이 저항이나 남김없이 얼마나 접목됐는지, [지난] 한 세기 동안 모든 정통파·이단과 더불어 교조적 '맑스주의'가 실제 역사와 마주침으로써 어떻게 변모·붕괴됐는지(하지만 [맑스주의가 제기한] 애초의 질문은 아직도 완전히 사라지지 않고 남아 있다) 검토하려면 바로 여기서 출발해야 한다.

2. 맑스: 극단적 폭력의 역사적 계기와 구조

엥겔스의 체계화는 맑스의 상이한 정식(특히 두 친구가 공동으로 저술한『공산당 선언』의 정식)을 끊임없이 원용한다. 그렇지만 이런 체계화는 무엇보다『자본』의 두 인용문에 의지하고 있는데, 바로 이 사실 때문에 이 인용문들은 원래의 맥락에서 벗어나 특별한 의미를 얻게 된다. 인용문 가운데 하나는『자본』1권 22장에 나온다.[13] 그런데 이 인용문은 명시적으로 게발트를 언급하지는 않고, 등가물의 교환에 기초를 둔 사적소유가 노동자의 수탈에 기초를 둔 사적소유로 전도되는 '내적 변증법'을 언급한다. 또 다른 인용문은 '이른바 시초 축적'을 다루는『자본』1권 24장에 나오는 것인데, 엥겔스는 자본의 시초 축적에 필요한 조직적 국가폭력에 대한 맑스의 이 서술을 '게발트의 혁명적 역할'이라는 테제로 전위시

---

13) 칼 맑스, 강신준 옮김,『자본』1-2, 도서출판 길, 2008, 799~801쪽.

킨다. 뒤링뿐만 아니라 흔히 [폭력에 대해] 도덕적 관점을 취하는 사람들은 이 테제를 이해하지 못했다. 이 인용문은 역사의 산파Geburtshelferin라는 유명한 메시아적 은유를 포함하고 있는데(메시아를 여성으로 바꾼 것은 엥겔스이다), 한나 아렌트가 『과거와 미래 사이에서』(1961)에서 비판적 독해의 준거로 삼은 것이 바로 이 은유이다. "게발트는 새로운 사회를 잉태하고 있는 모든 낡은 사회에서 산파 역할을 한다. 게발트는 그 자체가 하나의 경제적 힘이다."14)

따라서 우리는 이 두 경우에 하나의 역설과 관계하게 된다. 엥겔스는 이중으로 거리를 '제거'한다. 개인의 노동에서 사적소유의 기원을 찾는 맑스의 (잠정적) 가설을 사적소유의 현실적 조건에 대한 역사적 분석과 분리시키는 거리, 시초 축적에 의해 구성된 '역사적 예외'를 '아래로부터' 유래한 혁명적 게발트(맑스가 뒷부분에서 "수탈자들에 대한 수탈"15)이라고 말하는 것)가 표상하는 또 다른 예외와 분리시키는 거리가 그것이다. 이렇게 해서 엥겔스는 전형적인 발전의 '노선,' 즉 계급투쟁의 역사에서 게발트가 [역사를 발전시키는 힘으로]

---

14) 맑스, 『자본』 1-2, 1007쪽; Hannah Arendt, "Tradition and the Modern Age," *Between Past and Future*, New York: The Penguin Press, 1968, pp.21~22. [서유경 옮김, 「전통과 근대」, 『과거와 미래 사이: 정치사상에 관한 여덟 가지 철학연습』, 푸른숲, 2005, 36~37쪽.]

15) 맑스, 『자본』 1-2, 1022쪽.

전도되는 운동 자체와 합치하는 노선을 구성할 수 있게 된다. 하지만 이런 노선의 적합성을 논의하려면 게발트에 관한 맑스의 관점들, 서로 교차하지만 분명히 단 하나의 유일한 논거로 귀착될 수 없는 관점들의 복잡성을 고려해야 한다.

우리는 적어도 맑스에게서 세 가지 관점, 즉 각각 상이하게 제기된 '문제'와 관련된 관점들을 구별할 수 있다고 믿는다. 하지만 우리는 극단적 폭력의 지위와 효과를 성찰하는 맑스의 두 가지 방식이 아주 강한 긴장상태에 놓여 있음을 각각의 경우마다 간파해낼 수도 있다고 믿는다. 첫 번째 방식은 극단적 폭력을 '자연화'하려는 것은 아닐지 몰라도 원인과 결과의 연쇄 속으로 '통합'하려는 방식이다. 이렇게 함으로써 이 방식은 극단적 폭력을 서로 적대하는 계급들이 행위자가 되는 사회변혁 과정의 일부나 그 과정 중의 변증법적인 계기로 만들려고 한다. (도덕적·이상적 정치와 대립하는) **현실정치**wirkliche Politik의 조건을 인식가능한 것으로 만들기 위해서 말이다. 두 번째 방식은 구조적이면서도 정세적이고, 오래된 것이면서도 근대적이고, 자생적이면서도 조직적인 몇몇 극단적이거나 과도한 폭력형태 속에서 **정치의 실재**le réel de la politique라고 불릴 수 있는 것, 즉 정치에 비극적 성격을 부여하는 예견불가능한 것 내지 계산불가능한 것을 발견하려는 방식이다. 예견불가능한 것 내지 계산불가능한 것은 정치의 자양분이지만, 정치를 소멸시킬 수 있는 위험성을 내포하고 있다

(1916년 '유니우스'라는 가명으로 발표한 『사회민주주의의 위기』라는 소책자에서 로자 룩셈부르크는 엥겔스가 한 말이라고 제시한 정식을 통해서 이 점을 지적하고 있다. "부르주아 사회는 한 가지 선택에 직면해 있다. 사회주의로 이행할 것이냐 아니면 야만으로 다시 전락할 것이냐"[16]).

게발트와 사회적 실천이 얽혀 있음에 어떤 '의미'를 부여하려는 동일한 시도의 양면 같은 이 두 가지 사고방식을 화해시키는 것은 아마도 불가능하겠지만, (적어도 맑스에게서) 양자가 절대적으로 분리될 수는 없다. 결국 이것은 역사적으로 존재해온 사회들의 본질적 특징이자 그런 사회들을 변혁하는 '동력'으로서의 '계급투쟁'이라는 모델 자체의 양가성에서 기인한다. (미셸 푸코가 환기시키듯이[17]) 이 모델은 전쟁 모델, 그리고 그 모델 특유의 "극단으로의 고양"(칼 폰 클라우제비츠)에 특징적인 사회적 관계의 일반화와 분리될 수 없는데, 맑스가 어느 프랑스 기자의 말을 인용한 표현을 빌리면 "자본이 머리끝에서 발끝까지 모든 털구멍에서 피와 오물을 흘리면서 태어"[18]나게 만드는 가장 야만적인 파괴, 절

---

16) Rosa Luxemburg, "Die Krise der Sozialdemokratie," *Gesammelte Werke*, vol.4, Berlin: Dietz Verlag, 1974, p.62.

17) 미셸 푸코, 김상운 옮김, 『"사회를 보호해야 한다": 콜레주드프랑스 강의, 1975~76년』, 도서출판 난장, 2015.

18) 맑스, 『자본』 1-2, 1019쪽.

멸과 노예화의 과정을 이해 갈등의 합리적 논리로 귀착시키게 된다. 이로써 우리는 피에르-조제프 프루동과의 논쟁에서 맑스가 (프랑스어로) 표현한 정식, 흔히 '진보주의적인' 역사 개념을 거스르는 것으로 간주되는 정식을 어떻게 해석해야 할지를 두고 늘 생기는 어려움에 다시 직면하게 된다. "역사는 나쁜 측면에 의해 전진한다"L'histoire avance par le mauvais côté.* 우리는 이 정식을 일종의 변증법적 테제로, 그러니까 역사적 과정은 항상 ('부정의 부정'을 통해) 고통을 도야/문화culture로 전환시킴으로써 종결된다는 점을 (헤겔과 함께) 재긍정하는 테제로 이해할 수도 있다. 그러나 다른 한편으로 역사가 공포로 향하지 않고는 실제로 '전진한다'는 것을 보증하는 게 아무것도 없다는 사실의 징표로 이해할 수도 있다.

1) 맑스의 혁명적 파국주의가 지니는 의미

혁명적 프롤레타리아트가 행위자인 집합적 해방의 가능성이 (역사상 최초로) 출현함과 자본주의의 궁극적 몰락을 연결하는 도식은 맑스가 '역사적 경향'을 해석하는 모델 중 하나이

---

* "봉건적 생산에도 적대적인 두 요소가 있었고 그것들은 봉건제의 좋은 측면과 나쁜 측면이라고 지칭되고 있으나, 나쁜 측면이 종국에 가서는 항상 좋은 측면을 이긴다는 것은 고려되지 않고 있다. **이 나쁜 측면이야말로 투쟁을 구성해 역사를 만드는 운동을 산출한다.**" 칼 맑스, 최인호 옮김, 「철학의 빈곤: 프루동의 《빈곤의 철학》에 대한 응답」, 『칼 맑스·프리드리히 엥겔스 저작선집 1』, 박종철출판사, 1994, 284쪽.

다. 때로는 (1848년이나 『공산당 선언』에서처럼) 임박한 현재
에 적용되기도 했고, (『자본』 중 '수탈자들에 대한 수탈'을 다
루는 장의 결론부에서처럼) 때로는 자본주의적 소유와 생산력
의 사회화가 빚는 모순이 함축하는 불확정적 미래에 적용되
기도 한 이 모델은 맑스의 사상에서 결코 사라진 적이 없었
다. 하지만 이 해석 모델의 귀결은 1848년의 혁명적 정세를
맞아 급진화된 맑스의 정치 비판(여기서 프롤레타리아 독재에
대한 첫 번째 개념화가 나왔다) 속에서 좀 더 잘 파악될 수 있
다. 사회혁명에 대한 개념을 강화하는 와중에 사회혁명의 이
율배반성을 강조하게 된 맑스는 반혁명적 폭력의 극단적 형
태와 "인간 해방을 끝까지 밀고"가도록 규정되어 있는 대중
의 극단적 의식형태가 양자택일의 관계를 맺고 있다는 관념
에 부르주아 사회의 '해체'를 나타내는 최종적 위기라는 관념
을 긴밀히 결합시켰다. 이렇게 함으로써 맑스는 「포이어바흐
에 관한 테제」에서 프락시스praxis라는 철학적 통념이 지시한
대립물의 통일에 이론적인 내용뿐만 아니라 역사적 참조대
상을 부여할 수 있게 된다(비록 프락시스라는 용어는 더 이상
맑스의 저작에 등장하지 않게 됐지만).* 사회적 관계의 모순에

---

* 1845년의 「포이어바흐에 관한 테제」에서 1848년에 이르는 맑스의 실
천, 행위, 혁명관의 변화에 대해서는 다음을 참조하라. 에티엔 발리바
르, 윤소영 옮김, 「세계를 변화시키자: 프락시스에서 생산으로」, 『마르
크스의 철학, 마르크스의 정치』, 문화과학사, 1995.

서 직접 생겨나고, '이데올로기적' 표상/대표의 매개를 거치지 않은 채 세계를 변화시킬 수 있는 집합적 행위로 변신하는 [프롤레타리아트의 혁명적 계급] 의식이 바로 그것이다.

그 뒤로 맑스의 사상은 정치적 측면에서 극단적인 자코뱅적 관점에 지배된다. 공포정치라는 문제를 명시적으로 거론하지 않는 가운데, 맑스는 "혁명 없이는 혁명 없다"[19]라거나 **절반의** 혁명은 존재하지 않는다는 막시밀리앙 로베스피에르의 구호에 이미 담겨 있던 행동의 전망을 전적으로 다시 현재화하면서 프롤레타리아트를 '인민 중의 인민'으로, 자유·평등·공동체의 요구를 부르주아적 한계에서 벗어나게 할 수 있는 존재로 만든 것이다. 게다가 경제적 측면에서 맑스의 사상은 비관주의적으로 해석된 데이비드 리카도의 이론에 의해 규정되는데, 이에 따르면 자본가의 '이윤'과 노동자의 '임금'이 빚어내는 적대는 대중을 절대적 빈곤으로, 즉 임금을 생존수준 이하로 떨어뜨리게 된다. 『신성가족』과 『독일 이데올로기』에서 프롤레타리아트의 삶의 조건을 부르주아 시민사회의 '자기 해체'로 묘사한 이후 맑스는 『공산당 선언』에서 '계급투쟁의 단순화'와 사회의 양극화를 분석한 끝에 자본주의에는 이전의 생산양식들과 달리 허무주의적인 차원이

---

19) Maximilien Robespierre, "Réponse à l'accusation de J.-B. Louvet" (Discours du 5 novembre 1792), *Textes choisis*, tome 2, éd. Jean Poperen, Paris: Éditions Sociales, 1957.

있다고 주장하게 된다. 부르주아지의 착취양식은 그 자체의 논리에 의해 자신들을 살 수 있게 해주는 사람들[프롤레타리아트]의 삶과 재생산 조건을 파괴하고, 그리하여 부르주아지 자신들의 존재 조건을 파괴하게 된다는 것이다. 이런 파국(산업의 위기는 이것이 임박했음을 보여준다)은 '부르주아지의 폭력적 전도'라는 형태를 띨 수밖에 없는 프롤레타리아혁명의 필연성을 정초하기에 충분하다. 하지만 1848년 혁명의 실패라는 피비린내 나는(그리고 실망스러운) 경험은 맑스로 하여금 (1850년의 『프랑스에서의 계급투쟁』과 1852년의 『루이 보나파르트의 브뤼메르 18일』에서) 파국에 훨씬 더 극적인 형태를 부여하도록 이끈다. 자본주의 생산양식의 일반적 위기는 새로운 지배계급에 의한 '민주주의의 정복'으로서의 프롤레타리아혁명을 직접적으로 규정하는 것이 아니라, 혁명과 반혁명('프롤레타리아 독재'와 '부르주아 독재')이 결정적인 대결에 이르기까지 서로를 계속 강화하게 만드는 극단화의 고양을 규정한다는 것이다. 이런 대결은 "조직된 폭력을 집중" 시키기에 [프롤레타리아트가] '분쇄'해야 하는 자동화되고 팽창되어가는 '국가기계'Staatsmaschinerie, 그리고 직접민주주의를 사회 전체로 확장할 수 있는 프롤레타리아트의 능력을 표현하는 '영속혁명'의 과정 사이에서 벌어지게 될 것이다.

혁명적 계기, 그리고 그 계기를 끝까지 밀고 나갈 프락시스에 대한 이런 표상에 메시아주의적 차원이 담겨 있음은 명

백하다. 이런 차원은 맑스주의의 역사에서 주기적으로 재등
장한다. 특히 당면 정세가 세계와 문명의 장래가 달린 궁극적
대결의 정세로 표상될 때(1914~16년 룩셈부르크가 전쟁이냐
혁명이냐는 양자택일을 묘사할 때가 그렇다)마다 매번 재등장
하며, 심지어 (현재 몇몇 정치생태학에서 볼 수 있듯이 지구 환
경의 파괴냐 자본주의의 파괴냐는 양자택일의 형태로) 포스트
맑스주의자들에게서도 등장한다. 메시아주의적 차원은 구세
계의 파괴적 힘을 집중시키는 동시에 여기에 절대적으로 새
로운 요소를 도입하는 혁명적 게발트라는 관념이 띠고 있는
이율배반적 성격을 설명해준다. 하지만 "투쟁 중인 두 계급
의 공멸"gemeinsamer Untergang der kämpfdenden Klassen 가능성과 관련
된 『공산당 선언』의 수수께끼 같은 언급에서부터 1852년 이
후 맑스가 인정하게 된 자본주의의 발전능력(동일한 적대를
무한정하게 확장된 규모로 재생산할 수 있는 능력)에 이르기까
지, 투쟁의 성패를 둘러싼 **불확실성**에 관해 맑스가 언급한 것
들과 이 메시아주의적 차원을 연결시키지 않는다면 혁명적
게발트의 양상을 충분히 이해하지 못하게 될 것이다.

2) 경제의 폭력, 폭력의 경제

잘 살펴보면 게발트라는 주제는 『자본』(특히 1권)에 아주 지
속적으로 나타나고 있다. 『자본』 전체를 자본주의가 설립한
구조적 폭력(그리고 자본주의의 역사에 본래적인 **폭력의 과잉**)

에 관한 논고로, 주관적·객관적인 차원들이 상세히 묘사되고 정치경제학 비판이 논의의 실마리를 제공해주는 폭력에 관한 논고로 읽을 수도 있을 정도이다. 무엇보다도 (축적가능한 잉여가치Mehrwert의 원천인) 노동자들에 대한 착취가 『자본』에서는 경향적인 **과잉착취**와 분리불가능한 것으로 나타나기 때문에 그렇다. 이런 과잉착취는 산업혁명을 가능케 한 증대된 생산성에 힘입어 자본주의 자체를 재생산하는 데 필요한 가치와 관련해 초과분[잉여의 가치]을 노동력에서 추출하는 데 만족하지 않고, **살아 있는** 개인들 속에 체현되어 있는 노동력의 **보존** 자체를 계속 위태롭게 만든다(그리고 위협한다). 13장(「기계와 대공업」) 말미에서 맑스는 생산과정Produktionsprozess을 파괴과정Zerstörungsprozess으로 묘사하며 다음과 같이 결론 짓는다. "자본주의적 생산은 모든 부의 살아 있는 원천, 곧 대지와 노동자를 파괴함으로써만 사회적 생산과정의 기술과 결합을 발전시킨다."[20] 하지만 살아 있는 노동력의 파괴는 노동력 자신의 저항, 전자본주의적 생활·문화양식의 체계적 소멸을 가져오는 사회의 '근대화' 때문에 (한편으로는 오늘날 종족학살 내지 인종학살이라고 불리는 과정과, 다른 한편으로는 인간 신체 내지 개인적인 심신'복합체'의 해체와 관련되는) 극단적으로 폭력적인 형태를 띨 수밖에 없다.

---

20) 칼 맑스, 강신준 옮김, 『자본』 1-1, 도서출판 길, 2008, 674쪽.

맑스의 설명에 따르면 자본주의에서는 과잉착취 없이는 착취 역시 존재하지 않는다. 초과노동의 한계를 넘어서는 것과 관련된 잉여가치 생산의 상이한 '방법들'을 비교·고찰한 교훈이 전적으로 바로 이것인데, 이런 방법들이 없다면 자본은 이윤율 저하 경향의 희생물이 되고 말 것이다. 맑스가 경제학자들이 아니라, 적어도 (영국의 노동 상황에 관한 공장보고서를 매개로) 간접적으로나마 노동자들 자신에게서 이런 사실을 관찰하려 했다는 것(특히 미셸 앙리는 이 점을 정당하게 강조하고 있다[21])이 중요하다는 점에 주목해두자. '절대적 잉여가치 생산'의 경우에는 노동일[노동시간]의 무한정한 연장, 여성노동, 특히 아동노동이 관련되는데, 이는 여러 가지 형태를 띤 근대적 노예제와 함께 자본이 노동자들의 식품·주택·건강 비용에 광란의 투기를 벌이도록 이끈다. '상대적 잉여가치 생산'의 경우에는 노동리듬의 강화, '인간 도구'의 가속화된 소모, 지적 능력과 육체적 능력의 대비에 따른 노동분할, 억압적인 공장규율, 산업혁명에서 벌어진 '노동자들의 유인과 배척,' 즉 노동력의 가치를 강제적으로 '조절하는 기제'로서의 강요된 실업이 존재한다. 이 모든 경우에서 맑스가 보여주려고 했던 바는 다음과 같다. 과잉착취의 다양

---

21) Michel Henry, *Marx*, vol.2: Une philosophie de l'économie, Paris: Gallimard, 1976.

한 형태들은 그 자신이 자본가계급에 대한 노동자계급의 집합적 '종속'Hörigkeit 22)이라고 불렀던 것, 다시 말해 법적으로 '자유로운' 노동자들에게 자본이 정해놓은 조건에 따라 자기 자신을 팔 수 있는 가능성만 남겨 놓는 자본주의에 본래적인 **게발트의 조건** 일반에 의존한다는 것. 하지만 맑스는 과잉착취의 형태가 저마다 (극한적으로는 '고문'23)에까지 이르는) 고통의 현상학 전체에 상응하는, 고유한 게발트의 형태를 포함하고 있다는 점을 보여주려고 하기도 했다.

과잉착취에 대한 이런 분석은 폭력과 제도의 상호작용·저항·갈등의 변증법에 이른다. 앞서 봤듯이 이 변증법에서 두 개의 본질적 계기를 인용하고 있는데도 엥겔스가 과잉착취에 관해서는 이 변증법의 복잡성을 단순화하고 있다는 것은 놀랍다. 그렇게 된 이유는 아마도 궁극적으로 이 변증법의 복잡성이 일의적인 역사적 '의미/방향'이 아니라, 맑스 자신은 물론이거니와 그 계승자들이 당황할 수밖에 없었던 다수의 가능한 발전 방향들로 향하기 때문인 듯하다.

(노동자들의 단결을 금지하는 영국 법률이 철폐된 덕분에 1867년의 초판과 달리 1872년의 재판 이곳저곳에 보충된)『자본』의 발전들 중 일부는 노동조건(좀 더 나중에는 임금수준)

---

22) 맑스,『자본』1-2, 844쪽.
23) 맑스,『자본』1-1, 570쪽.

과 관련해 조직화 중인 노동자계급과 자본의 계급투쟁을 묘사하고 있는데, 이런 계급투쟁에서 국가는 (직접적으로는 부르주아지에게 불이익을 줄 수도 있지만 장기적으로는 이익을 가져다주기 위해, 불완전하고 부분적일지언정 부르주아지의 이익에 도움이 되는 방식으로) "사회가 그 생산과정의 자연발생적 형태에 가한 최초의 의식적이고 계획적인 반작용[공장법]"24)의 행위자로서 개입하게 될 것이다. 이런 역사를 "자본가계급과 노동자계급 사이의 다소간 은폐되어온 오래된 내전"25)의 역사로 묘사하는 맑스의 분석은 게발트라는 용어의 다의성이 온전히 작용하는 어느 한 명제에서 절정에 이른다. "동등한 권리와 권리 사이에서는 게발트가 사태를 결정짓는다"zwischen gleichen Rechten entscheidet die Gewalt.26) 이 문장은 프랑크푸르트 국민의회와 프로이센 군주 사이의 갈등에 관해 이미 1848년에 사용한 바 있는 문장을 살짝 바꿔 다시 쓴 것인 만큼 더욱더 주목할 만한 문장이다. "두 개의 게발트 사이에서는 오직 게발트만이 결정을 지을 수 있다."27) **폭력**은 폭력을

---

24) 맑스, 『자본』1-1, 642쪽.
25) 맑스, 『자본』1-1, 419쪽.
26) 맑스, 『자본』1-1, 334쪽.
27) 칼 맑스, 최인호 옮김, 「라인 지구 민주주의자 위원회에 대한 재판」, 『칼 맑스・프리드리히 엥겔스 저작 선집 1』, 박종철출판사, 1991, 515쪽. [한국어판에는 해당 문장이 다음과 같이 번역되어 있다. "힘만이 두 개의 권력 사이의 투쟁을 결정할 수 있다."]

통제하기 위해 폭력을 행사하는 **권력**의 뿌리를 이룬다. 혁명의 경우에 **권력으로서의 게발트들** 사이에서 '결정을 지은' 것은 **폭력으로서의 게발트**였다. 사회적 투쟁의 경우에 **폭력으로서의 게발트들** 사이에서 '결정을 내릴' 것은 궁극적으로는 **권력으로서의 게발트**(입법적인 국가게발트)일 것이다.

이런 발전들은 자본주의가 기능하기 위한 (그리고 부르주아 사회의 정치제도들 속으로 계급투쟁을 통합하기 위한) 조건들의 **정상화** 과정과 같은 쪽에 위치해 있다. 이 발전들은 착취의 폭력을 결코 폐지하지 않으며, 폭력의 '과잉'을 제한하고 프롤레타리아트와 국가 자체의 대결(부르주아지가 "순순히 말을 듣는다"는 전제 아래, 아마도 프롤레타리아트의 조직화된 정치적 힘이 증대하면 이런 대결이 불필요해지리라고 상상해볼 수도 있다)이 폭발하는 것을 (아마도 무한정하게) 지연한다. 이른바 시초 축적에 관한 논의에서의 발전 같은 경우는 사정이 전혀 다른데, 맑스는 여기서 사회적 갈등의 '평화적 해결' 가능성을 완전히 **배제한** 채 '이행의 시기'에 성립하는 게발트와 자본주의의 관계를 다룬다. 앞서 살펴봤듯이 개인의 상품 소유에서 자본이 기원했다는 자유주의적 신화에 맞서 맑스는 노동자 대중으로 하여금 하나의 예속형태[28]에서 다른 형태의 예속으로 끌려들어갈 수밖에 없도록 강제하

---

28) 맑스, 『자본』 1-2, 964쪽.

는 데 필수적인 "인민 대중에 대한 폭력적gewaltsamer 수탈과
정"[29]을 묘사한다. 이 과정의 가장 잘 알려진 계기는 16~17
세기 영국의 '인클로저' 운동이다. 하지만 이 과정은 국가게
발트의 조정을 거쳐[30] 자본이 생산수단을 독점하고, [생산수
단을 비롯해] 아무런 독자적 자원도 갖지 못한 프롤레타리아
트를 '해방'시키기 위해 온갖 법적, 사이비-법적, 불법적 수
단(대량학살, 추방, 아일랜드에서 나타난 것 같은 다소간 조장
된 기근, 식민화, 유랑자들의 추방·감금을 조직하는 '유혈 입
법'Blutgesetzgebung)을 결합한 과정이다. 여기서 게발트의 다의
성은 극단적 폭력을 제도적 기능작용 안에서 억제하는 것이
아니라 반대로 제도를 잔혹하게 활용함으로써 폭력을 증가
시키고 강화하는 것으로 기능한다.[31]

이처럼 자본주의가 '계급 전쟁'의 역사적 현상과 접합되
는 상이한 형태들은 상반되게 진화하지만, 그 형태들은 모두
(맑스가 물신숭배에 관한 장에서 사변적인 방식으로 해명하려
고 했던) 한 가지 기본적인 인간학적 현실에 준거한다. 인간
노동력을 '상품'으로 대상화하는 현실이 바로 그것이다. 비록

---

29) 맑스, 『자본』 1-2, 971쪽.

30) 맑스, 『자본』 1-2, 991쪽.

31) Heide Gerstenberger, *Die subjektlose Gewalt: Theorie der Entstehung
bürgerlicher Staatsgewalt*, Münster: Westfälisches Dampfboot, 1990;
앤소니 기든스, 진덕규 옮김, 『민족국가와 폭력』, 삼지원, 1991.

자유로운 노동자의 '인격'이라는 법적 지위의 가면을 쓰고 있기는 하지만, '정상적인' 자본주의적 생산과정이 전제하는 이런 대상화는 궁극적으로는 **불가능**하다. 이 때문에 그런 대상화는 노동자들의 개별적·집단적 저항에 맞서 다소간 일시적인 테러리즘적 제도와 관행의 복합체를 통해 영속적으로 **강제**되어야 한다. 이런 관행들은 생산의 영역 자체 속에 파괴를 도입하는데, 이 파괴는 훗날 정치경제학(조지프 슘페터)이 파괴 속에 산업혁신의 동력이 담겨 있다고 주장하면서 '창조적 파괴'라고 부른 것과는 아주 다른 의미를 지니는 것이다. 하지만 이런 불안정한 결합의 출구는 어떤 것일 수 있는가? 이 점에 관해서 맑스 이후의 맑스주의 전통은 노동운동 내부에 존재하는 대립적인 '전술들'과 연결되어 심각하게 분열된다. 결론적으로 우리가 잊지 말아야 할 것은 자본주의의 구조적 규정성으로서의 **극단적 폭력이라는 현상을 제거하는 것이 불가능하다**는 점을 강조하고, 그렇게 함으로써 혁명의 문제를 단지 권력 장악이나 생산양식의 변혁만이 아니라 '문명화'의 관점에서 제기하도록 강제한 맑스의 분석을 확장하는 일이다. 이것은 상이한 방식으로 이뤄질 수 있다.

(1913년 출간한 『자본축적론』, 특히 식민화를 다룬 26~29장에서) 룩셈부르크가 제시한 길은 맑스의 정의와 당대 제국주의의 역사에서 출발해 폭력적인 '시초 축적'은 근대 자본주의의 '전사'前史에 속하는 일시적 현상이 아니라는 점을 보여

주는 것이다. 그와는 반대로 자본주의는 (근본적으로는 산업화가 발전된 '중심' 지역 **바깥에서**) 끊임없이 절멸적인 폭력을 사용해 시장과 노동자 예비군을 형성해야 한다. 맑스가 축적 주기와 '산업 예비군'의 경제적 필요성에 연결시킨 **인구 법칙**이 이런 문제설정의 중심에 놓여 있다. 초과 인구 없이는 자본주의가 존재하지 않지만, 무엇보다 유럽 바깥의 사람들을 표적으로 삼는 폭력이 없이는 초과 인구도 존재하지 않는다. 이런 의미에서 자본주의는 항상 여전히 '의고적'擬古的이다. 또는 오히려 자본주의는 자신이 세계 전체(세계는 점점 더 자본의 재생산 공간으로 들어서도록 강제된다)에 행사하는 매우 근대적인 폭력을 의고적인 것으로 제시한다.

「직접적 생산과정의 결과들:《자본》제6장」이라는 제목으로 출간되기 전까지 알려지지 않았던 놀라운 미완의 텍스트[32]에서 맑스는 선진 자본주의 사회에서 구성될 '대중노동자'에 관한 1960~70년대의 논의, 특히 이탈리아의 '자율주의적' 맑스주의자들(라니에로 판지에리, 마리오 트론티, 안토니오 네그리) 사이에서 큰 반향을 얻은 또 다른 길을 소묘한 바 있다. 맑스의 가설은 노동력이 상품형태에 예속되는 궁극적 단계에 관한 것으로서, 이 가설은 노동자들의 소비가 완전

---

32) 칼 맑스, 김호균 옮김, 「직접적 생산의 제결과」, 『경제학 노트』, 이론과 실천, 1988.

히 상품화되고 노동자들이 기계화된 생산 속으로 즉각 통합되도록 만드는 [자본주의 사회의] 조건화에 상응한다. 맑스는 이것을 노동력에 대한 자본의 '실질적 포섭' 내지 종속이라고 부른다. 결국 맑스가 이 제6장(사실은 6편)을 출판된 『자본』에 포함시키기를 포기한 이유는 매우 허무주의적인 이 가설이 자본주의의 발전에 따라 계급투쟁이 급진화한다는 혁명적 관점과 양립할 수 없다고 생각했기 때문인 것 같다. 이런 가설은 반드시 '자발적 예속'servitude volontaire이라는 형태 속에서 폭력이 약화될 것이라는 결론을 낳지는 않는다는 것, 그도 아니라면 오히려 이것은 부르주아 유토피아의 한 형태에 불과하다는 것에 주목해두자. 이런 가설은 자본주의가 다양한 안전·'위험관리'[33] 장치들을 사회 정책의 도구 속에 포함시킴으로써 제어하려고 하는 고질적인 무정부주의적·아노미적 폭력상황(한스 마그누스 엔첸스베르거라면 '분자적' 내전이라고 했을 것이다)에 상응했다(그리고 지금도 상응하고 있다)는 것이 오히려 좀 더 사실에 가까울 것이다.

3) 프롤레타리아트의 혁명적 정치가 지닌 아포리아

'생산양식'으로서의 자본주의의 발전, 그리고 이런 발전에서 드러나는 진화 경향에 내재된 폭력 문제를 다루고 있는 『자

---

33) Robert Castel, *La Gestion des risques: De l'anti-psychiatrie à l'après-psychanalyse*, Paris: Minuit, 1981.

본』1권의 분석을 다시 읽어보면, 우리는『자본』이 미완성이라는 문제를 다른 시각에서 바라볼 수 있다. 또한 제1인터내셔널과 그것의 해소 직후, 그리고 파리 코뮌에서 빚어진 유혈 사태(『루이 보나파르트의 브뤼메르 18일』의 표현에 따르면 유럽 노동자계급이 부르는 새로운 '백조의 노래'[34]) 이전과 이후에 맑스가 계속 직면한 혁명 '전략'의 애매성이라는 문제 역시 다른 시각에서 바라볼 수 있을 것이다. 전자와 후자는 궁극적으로 노동자계급이 정치적 주체로 구성되는 과정에 담긴 아포리아, 또는 프롤레타리아트의 '주체화'와 생산력에 대한 자본주의적 '사회화'의 관계라는 아포리아와 관련된다. 하지만 이 관계 자체는 극단적 폭력이라는 현상에 의해 심원한 동요를 겪는다. 극단적 폭력이라는 현상은 상황에 따라서 역사적 진화의 '정상적 경로'가 종결지어야 하는 잔여적 비합리성으로 간주되든가, (역사의 경로를 '가속화'하면서) 혁명을 통한 지배의 전복을 촉진하는 변증법적 부정성의 요소로 간주되든가, 그도 아니면 마지막으로 사회적 모순의 '해결'에 장애물이 될 위험이 있을 뿐만 아니라 심지어 이런 해결의 양상을 내부로부터 도착倒錯시킬 위험이 있는 보충물로 간주될 수도 있다(이런 시각에서 보면 궁핍화를 통해 빈곤

---

34) 칼 맑스, 임지현·이종훈 옮김, 「루이 보나빠르뜨의 브뤼메르 18일」, 『프랑스 혁명사 3부작』, 소나무, 1987, 273쪽.

이 범죄와 공존하는 지대로 밀려나는 '하위프롤레타리아트' 또는 룸펜프롤레타리아트라는 범주의 발명은 충격적인 증상이다. 우리는 맑스가 루이 나폴레옹의 쿠데타 성공은 룸펜프롤레타리아를 동원한 덕분이며, 루이 나폴레옹 자신이 이 집단의 정치적 대표자였다고 생각하기를 결코 포기하지 않았음을 잘 알고 있다). 어쨌든 정치 영역과 경제(또는 경제관계에 의해 구조화된 '사회') 영역으로 게발트를 단순히 **배분**하려는 생각은 유지될 수 없음이 드러난다. **게발트는** 근본적으로 통제할 수 없는 방식으로 **정치와 경제 사이에서 순환한다.**

만약 1867년 출간된 이후 수차례에 걸쳐 재판이 출간됐는데도 『자본』 1권이 미완으로 남아 있게 됐다면, 그 이유는 아마도 (더욱이 모든 역사적·전기적 상황을 고려해보건대) 『자본』 1권이 그 원인·형태·사회적 결과를 서술한 노동력의 폭력적인 '소비'과정 자체가 여러 가지 가능한 출구들 중 하나를 설득력 있게 선택할 수 있도록 해주지 못했기 때문인 것 같다. 문제를 해결할 책임을 '현실' 역사에 떠맡기고, 다른 출구를 모두 압도할 출구가 될 '전략'을 발명할 책임을 착취당하는 대중에게 떠맡기는 식으로 말이다.

(기묘하게도 시초 축적에 관한 장에 들어 있고, 아마도 검열을 피하기 위해서인 듯 그 뒤에 「근대 식민이론」에 관한 장이 따라 나오고 있지만) 외견상 『자본』 1권의 '결론'에 해당하는 「자본주의적 축적의 역사적 경향」이라는 제목의 절에서 맑

스는 과학에서 정치로 '도약'을 감행하기 위한 변증법적 길을 선택하는 것 같다.[35] 맑스는 프롤레타리아트를 '유일한 혁명적 계급'으로, 역사(즉, 인류 해방의 역사)의 주체로 만드는 1848년의 정식을 되풀이한다. 단 이제는 이런 정식을 파국의 도식이 아니라, 생산의 사회화와 '집합적 노동자'의 구성이라는 불가피한 경향에 대한 이론 위에 정초한다. 이런 경향은 '자연적 과정'의 필연성을 지니고 있으며, 이 과정의 결말에서 일어나는 폭력은 불가피한 것이기는 하지만 그 기원에 존재하는 폭력과는 전혀 비교할 수 없다. 정통 맑스주의가 고수하게 될 것이 바로 이 정식이다.

하지만 『자본』 1권이 밟아온 발전과정은 다른 가능성들, '맑스주의'라는 이름을 포기하지 않고서도 여전히 다시 선택할 수 있는 가능성들을 열어놓았다. 우선 점점 더 강력해지고 조직화된 노동자계급의 투쟁에 압박받아 국가가 사회에 **개혁**과정을 부과할 가능성이 존재한다. 요컨대 국가가 나서서 자본으로 하여금 자신의 착취방법을 '문명화'하도록 강제하거나 계속 혁신을 수행하도록 강제해 '가변자본'의 저항을 극복하게 할 것이다. 그 다음에는 '시초 축적'의 효과를 확장하는 방식으로 '주변부'에 자본주의적 생산양식의 초과 착취를 **수출**할 가능성이다(룩셈부르크는 이런 생각을 상당히 진척

---

35) 맑스, 『자본』 1-2, 1020~1023쪽.

시켰는데, 단 이 과정이 결국에 가서는 한계에 직면할 수밖에 없을 것이라고 생각했다. "왜냐하면 지구는 둥글기 때문이다." 한편 우리는 '생활세계의 식민화'라는 형태, 또는 인간 생명체 자체가 산업에 의해 소비될 수 있는 일차 원재료로 기능하는 생명경제의 발전이라는 형태를 띤 내포적 차원도 생각해볼 수 있다). 마지막으로 저 **미완의 텍스트**[「직접적 생산과정의 결과들」]가 시사하고 있고, 현대의 '대중문화' 내지 '통제사회'(질 들뢰즈)에 대한 몇몇 이론가들이 다시 취한 가능성은 생산자·소비자·재생산자 개인들의 강제적인 정상화를 수반하며, 물리적·심리적 폭력이 이런 정상화의 수단인 동시에 영속적인 소재가 되는 방식이다. 이 상이한 가설들에서 프롤레타리아트는 더 이상 미리 규정된 역사의 주체로 나타나지 않으며, 프롤레타리아트가 당하거나 행사하는 게발트는 '자연적으로' 역사의 종말을 완성하지 않는다. 노동자계급의 주체화, 곧 노동자계급의 혁명적 프롤레타리아트로의 전화는 무한정하게 멀어지는 지평으로, 그럴 법하지 않은 반反경향으로, 심지어 역사의 진행과정에 대한 기적적인 예외로 나타난다.

맑스의 분석에 (명시적이거나 잠재적으로) 존재하는 이 경쟁적인 '출구들'을 거론함으로써 우리는 1870년 이후 맑스가 자율적인 프롤레타리아 정치, 그것의 전략·제도·'세계관,' 계급 사회에서 계급 없는 사회로의 이행에 관한 담론을 정의하려던 시도에 영향을 미친 아포리아들이 존재하게 된 이유를 맑스 자신이나 맑스의 동시대인들보다 더 잘 이해할 수 있다. 무엇보다 맑스는 국가나 당의 '권위의 파괴'를 주장한 무정부주의적 테제(바쿠닌)와 사회의 조직화를 국가의 '정당한 기능'으로 생각한 국가주의적·국민주의적 테제(라살레) 사이에 사로잡혀 있었다.[36] 그리고 파리 코뮌 모델에서 도출된 프롤레타리아 독재에 대한 새로운 정의에도 불구하고, 또는 계급이라는 추상으로 환원되지 않는 '대중'의 정치적 기능을 이론화하려는 엥겔스의 주목할 만한 노력에도 불구하고, 맑스는 이런 대칭성을 깨뜨리는 데 성공하지 못한다. 이 모든 난점은 부르주아 국가장치의 일부도, 그런 장치의 거울에 비친 이미지도 아닌 '계급 정당'을 형성하는 문제에 응결되어 있다. 이 난점들은 대문자로 된 혁명^{Révolution}을 '위로부터의 혁명'만큼이나 '아래로부터의 혁명'으로서도 사유하기가 어렵다는 사실, 곧 지배계급이 발전시킨 기존의 게발트를 프롤레타리아트가 '전유'하는 것으로서, 또는 게발트의 역사적 형상들이 '변신'한 것으로서, 또는 대중 자신의 고유성이라고 할 만한 대중적이고 자생적인 게발트를 '억압된 것의 회귀'로 사유하기가 어렵다는 사실로 귀결된다. 게발트는 분명 **프롤레타리아트**가 [마음대로] 활용할 수 있는 것이 아니다.

---

36) 칼 맑스, 이수훈 옮김, 「프랑스에서의 내전」, 『칼 맑스·프리드리히 엥겔스 저작선집 4』, 박종철출판사, 1995, 65쪽.

게발트는 **폭력**으로서든 **권력**으로서든 프롤레타리아트의 통제가능성을 언제나 초과하는 것이기 때문에, 정치적 주체화의 직접적인 지주를 이루기는커녕 오히려 자기 자신을 주체로 내세우는 프롤레타리아트의 주장을 (자크 데리다라면 아마도 이렇게 표현했을 텐데) '해체'한다.

3. 게발트와 시민다움 사이의 맑스주의와 포스트맑스주의

지금까지 우리는 혁명적 주체화, 사회화, 게발트의 매듭에 대해 사변적으로 고찰해봄으로써 맑스주의를 정초한 사람들의 작업에서부터 시작된 맑스주의의 생성과정을 서술할 때 이끌어낼 수 있는 교훈을 예견해봤다. 우리는 이런 교훈을 통해 맑스주의가 게발트의 의미·용법과 맺고 있는 아포리아적 관계를 실마리 삼아 맑스주의에 대한 비판을 소묘해볼 수 있을 것이다. 확실히 이런 비판이 **자기비판**, 다시 말해 맑스주의가 자신의 실패를 이해하고 자신의 역사적 한계를 극복해 혁명적인 '세계변혁'의 전망을 다시 활짝 열어놓을 수 있는 자기비판으로서 제시될 수 있다면 바람직할 것이다. 하지만 불행하게도 우리는 그렇지 않다는 사실을 잘 알고 있다. 왜냐하면 근본적으로 자기 자신이 실행자인 동시에 희생자였던 20세기 역사의 **현실적 파국**(맑스가 예언한 자본주의의 '최종적 파국'과는 아주 다른 파국)을 분석하지 못했다는 데서 맑스주의의 무능력이 입증된 바 있기 때문이다. 파시즘과 나치즘, '현실 사회주의'와 그 절멸주의적 이탈들, 이데올로기적·군사적 독재로 전도된 반제국주의 투쟁, 민족적·종교적 인종주의와 절대적 궁핍화의 결합, 그리고 지구 환경의 황폐화 같은 파국 말이다. 이것은 곧 맑스주의를 비판하려면 그 문제설정에서 '탈출'하거나 그 관점을 상대화해야 한다는 뜻이다. 그렇다고 맑스주의가 제시하고 제기한 모든 분석이나 모든 질문이 현재적 의미를 상실했다는 뜻은 결코 아니다.

무엇보다 우선은 20세기에 맑스주의 담론의 장 안에서 이뤄진 분산을 서술한 뒤 게발트의 문제, 그리고 그 문제가 강제한 '선택'이 이런 분산과 어떻게 접합됐는지 보여주는 것이 좋을 것 같다. 우리의 테제는 게발트의 문제야말로 역사적 맑스주의를 특징짓는 **분열 효과**, 즉 (비록 제2인터내셔널과 제3인터내셔널의 정통파들은 달랐지만) 맑스주의가 정치 영역에서 단일한simple '입장'을 취할 수 없게 만든 분열 효과의 실마리라는 것이다. 하지만 이런 분열 자체가 단지 이론적 선택[의 차이] 탓만이 아니란 것은 명백하다. 지금 돌이켜 보면 이런 분열은 맑스주의가 그 경향을 사유하려고 했던 두 개의 커다란 **정치투쟁의 순환** 속에 기입된 실천적 정세에 내재적으로 준거한다. 이 두 개의 순환은 서로 중첩되긴 하지만 완전히 합쳐지지는 않는다. 하나는 반자본주의적인 계급투쟁의 순환으로서, 노동자계급과 그 역사적 조직(당, 조합, 결사

체)이 그 주인공이다. 또 다른 하나는 반제국주의적 투쟁의 순환으로서, 민족해방운동 그리고/또는 저발전의 원인이라고 간주된 불평등 교환에 대항한 저항운동이 그 주인공이다. 이 두 경우에서 우리가 해명하려는 담론들이 항상 만장일치로 스스로를 '맑스주의적' 담론이라 인정한 것은 아니며, 심지어 전혀 맑스주의로 자처하지 않는 경우도 있다(소렐, 프란츠 파농). 그러나 이것은 부차적인 논점이다. 정확히 말하면 이것은 맑스주의적 문제설정을 통일시키고, 따라서 맑스주의의 경계를 절대적으로 고정시키는 것은 불가능하다는 사실을 보여줄 뿐이다. 우리에게 중요한 것은 맑스와 엥겔스가 제기한 문제들과의 역사적·이론적 관계이다.

1) 반자본주의적 순환과 제도적 폭력

(물론 전 세계로 확산되기는 했지만, 적어도 주된 혁신에 관한 한 본질적으로 유럽 내부에서 전개된) 반자본주의적 순환은 제2인터내셔널의 노동조합운동과 사회주의 정당 안에서 시작됐다. 이 순환은 1914~18년의 제1차 세계대전, 러시아 혁명, 양차 세계대전 사이에 등장한 파시즘과의 대결 등을 중심으로 전개됐다. '냉전'의 구조 속에서 오랫동안 무력화됐던 이 순환은 1968년과 그 이후 시기의 대중적 반역 속에서 종결됐다. 이 반역의 시기에는 몇몇 평의회 전통이 부활됐고, 혁명운동의 확장과 더불어 (푸코가 '규율'제도라고 불렀으며, 루

이 알튀세르가 '이데올로기 국가장치'라고 불렀던 가족, 학교, 그리고 그밖의 다른 제도들에서 일어난) 자본과는 또 다른 '권력' 내지 '지배'에 대한 반역이 결합됐다.

흔히 사람들은 독일사회민주당의 내부 논쟁과 1917~20년의 분열 이후의 첫 번째 시기 동안 현존하던 입장들을 자본주의에서 사회주의로의 점진적이고 '평화적인' 진화를 옹호한 사람들(영국의 페이비언 협회, 베른슈타인, 장 조레스), 혁명적 폭력을 수단 삼아 자본주의를 즉각적으로 전복하자고 주장한 사람들(블라디미르 일리치 레닌, 룩셈부르크, 안톤 파네쾨크, 레온 트로츠키), 그리고 중간자적 위치를 고수하던 맑스주의 '정통'의 변호자들(칼 카우츠키)을 서로 대립시킴으로써 단순하게 **개혁이냐 혁명이냐**라는 식의 양자택일에 따라 분류하는 경향이 있다. [그렇지만] 우리가 여기서 제시할 이론적 관점으로 보면 가장 독창적인 입장을 지닌 사람들, 이를테면 소렐, 베른슈타인, 레닌, 안토니오 그람시 사이에서 직접 논쟁을 [다시] 구성해보는 것이 훨씬 더 흥미롭다.

'행동을 통한 프로파간다' 또는 반자본주의적 범행이라는 관념이 퍼져 있던 무정부주의적 국면이 지나간 뒤 소렐은 프루동의 유산과 맑스의 유산을 결합해 프랑스의 혁명적 생디칼리즘이 채택한 '총파업' 전술을 이론화하려고 시도했다. 1908년 출간된 소렐의 유명한 저작『폭력에 대한 성찰』의 실마리는 두 개의 반정립적인 '사회적 힘,' 다시 말해 부르주아

지의 제도화된 **무력**과 프롤레타리아트의 자생적 **폭력**의 구별
이다.[37] 이런 구별을 통해 소렐은 사회민주당이 경전으로 삼
고 있던 맑스의 텍스트들을 다시 읽었고, 당대의 노동운동을
엄밀하게 검토했으며, 제2인터내셔널의 정당들 내부에 혁명
적 수사와 의회주의적 실천이 공존하고 있음을 통렬히 고발
했다. 소렐이 보기에 프롤레타리아트의 폭력은 착취당하는
생산자들의 조건에 내재된 반역을 확대·적용하는 것으로서,
총파업의 '신화'를 작동시키고 자유로운 인간들의 연합으로
서 사회주의를 예고하는 것이었다. 윤리적으로뿐만 아니라
정치적으로도 프롤레타리아트의 폭력은 상반된 '진영들'로
조직된 계급들 사이의 내전이라는 관점과 구별되며, 자코뱅
의 전통에서 물려받은 공포정치 내지 영속혁명 모델을 거부
한다. (반反공리주의적인) 전사적 영웅주의의 '무익함'을 찬양
하고 있긴 하지만(니체의 영향을 받은 것이 분명하다), 소렐은
반反군사주의를 프롤레타리아 도덕의 시금석으로 삼는다. 하
지만 (소렐이 한편으로는 혁명적 전통, 다른 한편으로는 베니
토 무솔리니의 파시즘에 의해 활용된 이유를 적어도 부분적으
로는 설명해줄) 소렐의 이런 입장에 내재된 난점은 바로 '신

---

37) 조르주 소렐, 이용재 옮김, 『폭력에 대한 성찰』, 나남, 2007; Robert
Brécy, *La Grève générale en France*, préface de Jean Maitron, Paris:
Études et documentation internationales, 1969; Henri Dubief, *Le Syn*
-dicalisme révolutionnaire, Paris: Armand Colin, 1969.

화'라는 범주에 있다. 소렐은 이 범주의 철학적 기초를 앙리 베르그손의 직관 이론과 생명의 비약 이론에서 빌려오고 있는데, 이것을 국가의 '마법'뿐만 아니라 사회주의운동의 추상적 '유토피아'에도 대립시킨다. 사회적 투쟁의 이상적 총체인 동시에 대중을 동원할 수 있는 정서적 능력을 가리키는 '신화'는 실천적으로는 무한정 밀어붙이기로 귀결될 수밖에 없는 것 같다. 바로 이 때문에 소렐은 '총파업'이라는 통념을 두 가지 형태로, 진정으로 프롤레타리아적인 총파업과 정치에 회수[흡수]됨으로써 전도되는 총파업[정치적 총파업]으로 분할할 수밖에 없었다(벤야민에게서 이런 분할이 다시 발견된다). 그러나 그것으로도 가장 대립적인 정파들[볼셰비즘과 파시즘]에 의해 자신이 활용되는 것을 막지 못했다.

『사회주의의 전제와 사회민주당의 과제』(1899)로 '수정주의' 논쟁을 야기한 베른슈타인 역시 사회민주당의 제도화된 '이중언어'를 신랄히 비판했다.[38] 뿌리 깊은 전설과는 달리 베른슈타인은 결코 프랑스적 의미에서의 '기회주의자,' 그러니까 의회적 길과 '부르주아' 정당과의 정치적 동맹을 배타적으로 옹호한 인물은 아니었다. 1905년 베른슈타인은 룩셈부르크와 '대중파업'을 옹호했다. 하지만 (맑스와 엥겔스

---

38) 에두아르트 베른슈타인, 강신준 옮김, 『사회주의의 전제와 사민당의 과제』, 한길사, 1999.

의 저작도 포함된) 혁명적 전통 내부에 존재하는 근본적으로 이질적인 두 가지 유산 사이에서 경계선을 긋고 싶어 했다. 맑스주의 내부에 살아남은 유토피아주의가 표출된 것으로서 자본주의의 몰락Zusammenbruch이라는 표상을 ('프롤레타리아 독재'라는 표현의 발명자일 가능성이 있는 오귀스트 블랑키를 통해 전승된) 테러리즘적인 권력 장악의 전술과 '변증법적으로' 결합하는 의고적 유산, 그리고 연합적·연방적 자주관리Selbstverwaltung의 형태들을 일반화함으로써 경제의 산업화와 사회의 민주화를 결합하려는 진정으로 근대적인 유산이 바로 그것이었다. "민주주의는 수단인 동시에 목적이기도 하다. 민주주의는 사회주의 투쟁의 수단인 동시에 사회주의의 실현형태이기도 하다."[39] 이로부터 "최종 목표는 아무것도 아니며 운동이야말로 전부이다."das Endziel ist Nichts, die Bewegung alles라고 주장하는 유명한 문장이 나오는데,* 이 주장은 맑스주의 전통의 일부가 게발트에 부여하는 '가속화'하고 '창조'하는 기능에 대한 비판과 긴밀히 결부되어 있다("한때 맑스주의자들은 창조적인 힘과 관련해 게발트에 대해 부정적인 시각만을 가지고 있었던 데 반해, 오늘날에는 또 지나치게 그 반

---

39) 베른슈타인, 『사회주의의 전제와 사민당의 과제』, 251쪽.

　* 한국어판에는 이렇게 번역되어 있다. "사람들이 사회주의의 최종 목표라고 부르는 것은 나에게 아무것도 아니며 운동이야말로 전부이다." 베른슈타인, 『사회주의의 전제와 사민당의 과제』, 321쪽.

대방향으로 시각이 편중되어 게발트는 이제 거의 창조적인 전능으로 간주되어 정치활동의 강조가 곧바로 '과학적 사회주의,' 혹은 좀 새로 유행되는 말로서 논리적으로는 별로 나아진 것이 없지만 표현에서는 어느 정도 개선된 '과학적 공산주의'의 정수인 양 되어버렸다"[40]). 이로부터 **권리**, 좀 더 정확히 말하면 **시민권**의 복권도 이뤄진다(시민권에 해당하는 독일어 뷔르거툼Bürgertum은 개인적 자유와 정치적인 자유의 역사에 준거한다. 베른슈타인이 '자본주의 사회'kapitalistische Gesellschaft 대신 '부르주아 사회'bürgerliche Gesellschaft라는 용어를 쓰려는 경향을 비판한 이유가 바로 이 때문이다). 베른슈타인은 시민권이 점점 더 **경제민주주의**의 형태들과 분리할 수 없게 됐다고 생각한다. 단, 이런 민주주의는 (자신이 보기에 유토피아적인) 노동의 평등주의적 조직화라는 형태가 아니라 조합원들의 대표에 의한 기업경영과 소비협동조합의 발전(달리 말하면 자유주의의 규제)이라는 형태를 띠어야 한다. 이로부터 마지막으로 **노동자계급에 대한 교육**의 필요성이 나오는데, 사회 전체를 '책임'Verantwortlichkeit질 수 있는 능력을 기르기 위해서는 노동자계급 스스로가 이런 교육에 전념해야 한다.

그렇다면 이제 레닌의 입장으로 가보자. 1905년과 1917년의 두 혁명과 그 이후의 내전을 거치면서 레닌은 반자본주

---

40) 베른슈타인, 『사회주의의 전제와 사민당의 과제』, 339쪽.

의적 사회변혁과 권위주의적 체제의 정치적 변혁의 관계를 사유하려고 계속 노력했다. 레닌의 입장은 자주 '주의주의'로 비난받곤 했다. 하지만 레닌의 입장이 지닌 힘은 '직업혁명가들'의 당이라는 관점(이런 관점은 1902년의 『무엇을 할 것인가?』에서부터 사회 내 모든 계급의 해방에 대한 열망을 결집하는 데서 프롤레타리아트가 행사해야 하는 '헤게모니적' 사명이라는 관념과 한쌍을 이룬다)에서만 기인하는 것도, 혁명 정세를 자본주의의 세계적 모순과 그 확장이 필연적으로 띠게 되는 폭력적 형태의 회귀 효과로 파악할 수 있게 해주는 제국주의 이론의 구성(이것은 1910~14년 존 A. 홉슨, 루돌프 힐퍼딩, 룩셈부르크, 니콜라이 부하린 등이 벌인 국제적 논쟁에 기반을 두고 있다)에서만 기인하는 것도 아니다. 레닌의 입장이 지닌 힘은 좀 더 심원하게는 게발트와 정치적 시간성의 관계라는 문제를 독창적으로 다룬 데서 나온다. 1914~17년 레닌이 제창한 '제국주의 전쟁의 혁명적 내전으로의 전환'이라는 관점, 그리고 '전시공산주의'와 신경제정책 시기에 이뤄진 프롤레타리아 독재의 재정식화가 좋은 예라고 할 수 있다. 레닌이 봉기를 정당화하고 권력 장악의 목표를 국가기계의 파괴로 정의하기 위해 자본주의에서 공산주의로의 이행에 관한 맑스와 엥겔스의 텍스트 전체를 다시 읽고 있는 저 유명한 저작 『국가와 혁명』(1917)은 정확히 이 두 개의 계기[전쟁의 내전으로의 전환이라는 주장과 프롤레타리아 독재의 재정식화] 사이에 위치해 있다. 이 저작은 『제2인터내셔널의 붕괴』나 「4월 테제」, 『공산주의에서의 좌익 소아병』 같은 저술보다 훨씬 더 학술적인 성격을 띠고 있다.[41]

제국주의 전쟁을 혁명으로 전환시키자는 구호는 레닌 개인만의 생각이 아니었다. 이 구호는 세계대전을 막으려는 유럽 사회주의자들의 노력이 실패로 끝난 뒤 각 나라에서 애국주의적 통일 정책에 저항하던 좌익 분파들이 모두 공유하고 있었고, 침머발트 회의(1915)와 킨탈 회의(1916)에서 공동 강령으로 표현되기도 했다. 하지만 대부분의 지도자들과 이론가들에게 이 구호는 구원과 파멸 사이에서 '선택'을 내려야 하는 묵시록적인 순간을 살아가고 있다는 감정을 수반하는 **명령**의 형태를 띠고 있었던 데 반해(혁명이 사태의 진행

41) V. I. 레닌, 오영진 옮김, 「제2인터내셔널의 붕괴」(1914), 『제2인터내셔널의 붕괴』, 두레, 1989; 오영진 옮김, 「사회주의와 전쟁」(1915), 『사회주의와 전쟁』, 두레, 1989; 문성원·안규남 옮김, 『국가와 혁명』(1917), 돌베개, 1992; 허교진 옮김, 『프롤레타리아 혁명과 배신자 카우츠키』(1918), 소나무, 1988; 김남섭 옮김, 『공산주의에서의 좌익 소아병』(1920), 돌베개, 1992; 홍영두 옮김, 『철학 노트』(1895~1916), 논장, 1989; V. I. Lenin, "Marxism and Insurrection"(1917), *Collected Works*, vol.26, Moscow: Progress Publishers, 1972(이하 *CW*. '출판지: 출판사'는 생략); "A Great Beginning: Heroism of the Workers in the Rear 'Communist subbotniks'"(1919), *CW*, vol.29, 1972; "Economics and Politics in the Era of the Dictatorship of the Proletariat"(1919), *CW*, vol.30, 1965; "Eleventh Congress of the R.C. P.(B.)"(1922), *CW*, vol.33, 1965.

방향을 역전시킬 것인가, 전쟁이 문명을 폐허로 만들 것인가), 레닌은 반대로 추론했다. 그 본성이 점점 바뀔 수밖에 없어서 '적절한 기회'가 닥치면 혁명의 '객관적' 조건과 '주관적' 조건을 결합할 개입의 여지가 생기는 과잉규정된 역사적 **과정**이 곧 전쟁이라고 봤던 것이다. 같은 시기에 저술된『철학노트』에서 볼 수 있듯이(최초의 소련 편집자들처럼 이 책을 배제하지 않는다는 조건 아래) 레닌은 헤겔의 저작(특히『대논리학』)과 클라우제비츠의 저작(『전쟁론』)을 함께 다시 읽으면서 이런 관점을 철학적으로 정초하게 되는데, 그렇게 함으로써 "전쟁은 다른 수단에 의한 정치의 연속"이라는 클라우제비츠의 정식을 놀라운 방식으로 응용하게 된다. 레닌의 분석에서는 각 정부에 의해 전쟁에 휩쓸려 들어간 인민들의 상호 파괴 과정에 함축된 극단적 폭력이 주관적 요인으로 제시되며, 점진적으로 정부에 대한 대중들의 반역을 낳고 군인들의 마음속에 애국주의 대신 계급적 관점이 되살아나게 만들 수밖에 없다고 간주된다. 이와 동시에 레닌은 민족 문제의 역사적 발생 역시 분석의 대상으로 삼았다. 그리고 이렇게 함으로써 모든 혁명과정은 이질적인 요인들의 '불균등한' 조합으로서 이런 요인들 사이의 갈등이 고유한 지속을 산출하고, 모순들이 집중 내지 분산되거나 국가권력이 강화 내지 약화되는 정세를 규정한다는 생각에 다다른다. 이렇게 레닌은 맑스주의에 새로운 관념을 도입한다. 게발트가 역사적 합리성으로 '전환'된다거나 혁명의 '수단'으로 게발트를 활용(또는 거부)한다는 관념이 아니라, 폭력의 전환을 목표로 삼는 진정한 **폭력의 정치**라는 관념을 말이다.

우리는 10월 혁명 **이후** 레닌이 제시한 이론적 개념들의 핵심에서 이에 근접한 질문을 발견하게 된다. 끊임없는 (국내적·국제적) 논쟁, [볼셰비키의] 권력 행사, 세계혁명에 대한 기대와 무산, 혁명 당파들의 대립 같은 극적 조건 속에서 형성된 레닌의 개념들은 사실 아무런 최종적 종합도 이뤄내지 못했다(훗날 요시프 스탈린은 자기 식대로 이 종합의 과제를 맡았다).[42] 다른 곳에서 강조했듯이 레닌은 (1848~52년 맑스가 첫 번째 개념을, 1872~75년 맑스와 엥겔스가 두 번째 개념을 만든 뒤) 사실상 프롤레타리아 독재의 **세 번째** 개념을 만들어 냈다.[43] 봉기의 필연성은 당연히 세 번째 개념의 일부이지만, 이제 이것은 '결단'의 대상이 될 수 없는 혁명과정의 변화하는 **조건들**과 명시적으로 연결되어 있다("폭력혁명에 대한 **이런** 생각, 정확히 바로 이런 생각을 대중에게 체계적으로 불어넣어

42) Robert Linhart, *Lénine, les paysans, Taylor: Essai d'analyse matérialiste historique de la naissance du système productif soviétique*, Pairs: Seuil, 1976.

43) 에티엔 발리바르, 최인락 옮김, 『민주주의와 독재』, 연구사, 1988; Étienne Balibar, "Dictature du prolétariat," "Luttes de classes," "Pouvoir," *Dictionnaire critique du marxisme*, dir. Georges Labica et Gérard Bensussan, Paris: PUF, 1982.

야 할 필요성이 맑스와 엥겔스의 교의 **전체**의 토대를 이루고 있다"고 쓰고 있는 『국가와 혁명』에서도 레닌은 권력 장악의 형태가 상황에 의존한다는 것을 환기해둘 방법을 찾고 있다). 다른한편으로 봉기의 필연성은 **권력**의 문제와 **국가장치**의 문제를명확하게 구별해야 하는 '이행기' 고유의 변증법을 알리는 서막에 불과하다. 여기서 다시 문제가 되는 것은 폭력이라는 조건 속에서 정치적 실천을 정의하는 것, 이를테면 (국가가 '비국가적인 국가'가 되기 위해 자신의 전통적 기능에 맞서야 하듯이) 폭력을 폭력 자체에 맞서게 만드는 일이다. 권력과 장치의 구별은 맑스에서 유래하지만, 이런 구별은 이제부터 혁명과정의 불균등한 발전을 사유하는 데 사용된다. 이제 프롤레타리아트에게는 (자신들의 대표자들을 매개 삼아) 권력을 행사한다는 것이 결코 국가장치를 통제한다는 의미가 아니며,대중이 정치적 실천에 돌입하는 것을 막기 위해 지배계급이'구축한' 행정적·정치적 기계의 활용 효과를 통제한다는 의미는 더욱 아니다. 이때부터 '부르주아 독재'와 '프롤레타리아 독재' 사이의 양자택일은 전혀 다른 의미를 띠게 된다. 즉,부르주아 '독재'는 단지 혁명 반대자들의 저항을 통해서만이아니라 혁명의 와중에 혁명 고유의 정치제도를 통해서도 재생산될 수 있음을 함의하게 되는 것이다. 따라서 사회주의 이론가들이 예고한 '국가 소멸'의 조건들이 마침내 통합될 수있을 때까지 특별한 (계급)투쟁이 필요해진다. 하지만 레닌주

의적 모델에 따라 이뤄진 '사회주의혁명들'의 역사적 경험이
거듭 보여줬듯이, 특히 **폭력**의 문제와 연결되면 이런 생각은
양가적임이 드러나게 된다. 이런 생각은 프롤레타리아 독재
가 진행되는 동안 **계급투쟁이 격화된다**는 관념(레닌은 자주 이
것을 "두 계급, 두 세계, 보편사의 두 시기" 사이의 "목숨을 건
투쟁"[44])이라고 말하곤 했다)을 야기하는 한편, 다른 한편으로
는 프롤레타리아트가 ('공산주의적 토요일'[45]의 발의를 통해
상징된) **직접민주주의와 경제관리 능력을 학습**하는 장기 기획이
곧 프롤레타리아 독재라는 생각을 낳기도 했던 것이다. 원칙
적으로 공산주의혁명의 모순된 '과업들' 사이에 존재하는 이
런 긴장을 해소하거나 종합하는 과제는 당의 몫이었지만, 레
닌의 저작은 종합에 도달할 수 있는 수단에 대해서는 아무런
말도 안 했다. 오히려 역사는 당 내부에서 모순이 재생산됐으
며, 그 어떤 이데올로기적 순수성도 당 자체의 내적 폭력에서
당을 면역시켜주지 않았다는 사실을 보여줬다.

그 이후에 등장한 그람시의 사상은 이런 세 가지 전통에
서 유래한 요소를 종합하려는 시도로 간주될 수 있다(오늘

---

44) Vladimir Ilyich Lenin, "A Publicist's Notes," *CW*, vol.30, 1965, p.355.
45) Lenin, "A Great Beginning," p.409ff. ['공산주의적 토요일'(communist subbotniks)은 1919년 5월 볼셰비키 노동자들의 발의로 시작된 운동이 다. 레닌은 노동자들이 토요일에 자발적으로 공공사업·환경정비 같은 공동선을 위해 노동하자고 주장하던 이 운동을 자본주의적 노동규율과 가치법칙에서 벗어난 공산주의적 노동의 단초로 간주했다.]

날 우리는 이 사상에서 공산주의운동에 미친 스탈린화된 볼셰비즘의 효과를 극복함으로써 공산주의운동을 파시즘과 대결할 수 있는 높이까지 끌어올리려던 절망적인 노력을 읽게 된다).[46] 수형자이자 순교자이고 코민테른[제3인터내셔널]에게서 버림받은 이 공산주의 지도자는 열광적이면서 비극적인 경험(스스로 "『자본』에 거스르는 혁명"이라고 부른 토리노 공장의 공장평의회 경험)과 소렐에게서 강한 영향을 받은 주의주의 철학에서 출발해 마키아벨리 식의 정치 개념으로 복귀함으로써 맑스주의적이고 레닌주의적인 문제설정의 모든 요소를 다시 사유하려는 기획을 세웠다. 이렇게 함으로써 그람시는 이상적으로 **위로부터의** 관점(혁명 정당이 집합적 지식인이자 전략가인 '새로운 군주'로 기능해야 할 필요성)과 **아래로부터의** 관점(자본주의가 강제한 '서발턴적인'subaltern 조건에서 벗어나 대중이 자기 역사의 행위자가 되고 '헤게모니적인' 조건으로 올라설 수 있게 해주는 '지적·도덕적 개혁'의 필요성)을 모두 확보하려고 했다. **자본주의 자체의 내부에서** 프롤레타리아 권력의 조건들을 예비하는 '진지전'으로 혁명을 파악하는 그람시의 관점에 대해서는 다음과 같은 점만 주목해두기로 하자. 그람시의 주장에 따르면 극한적으로 볼 경우 '순수한' 혁

---

46) Antonio Gramsci, *Écrits politiques*, 3 vols, textes présentés par Robert Paris: Gallimard, 1974~1980; *Quaderni del carcere*, 4 vols., Torino: Einaudi 2007. [이상훈 옮김, 『옥중수고』(전2권), 거름, 2007.]

명이란 존재하지 않는다. 그리고 사회적 관계를 변혁하는 '실천'으로서의 모든 능동적 혁명은 '수동혁명,' 곧 새로운 역사적 조건에 적응해 자신의 지배를 영속화하려는 지배자들의 전략(프랑스 혁명 이후 프랑스 국민을 만들려던 작업은 수동혁명의 고전적 사례이다. 그람시가 저술하던 시기에 제기된 문제는 미국의 '포드주의,' 국민의 '인구구성을 합리화'하려던 포드주의의 기획을 프랑스의 사례와 똑같이 해석해야 하는가였다)에 직면해 피지배자들이 만들어내는 대안이다. 비록 '폭력'의 문제를 무시하지는 않았지만 그람시가 폭력보다는 '세력'과 '세력관계'를 이론화한 이유가 바로 이 때문이다. 세력관계는 게발트만이 아니라 문화적 과정도 그 일부로 포함하고 있으며, 이 때문에 국가구조는 항상 시민사회의 조직화와 맺는 상호규정 관계 속에서 분석되어야 한다.

20세기 전반기에 전쟁과 혁명에 대해 이뤄져왔던 이론적 작업들은 1968년의 격변에 이르기까지 확장된 맑스주의의 본질적인 이론적 준거로 남아 있었다. 1968년 이후 우리는 (이탈리아의 붉은여단, 독일의 적군파 같은 **테러리즘적** 형태도 포함된) 혁명적 폭력의 형태와 기능을 둘러싼 새로운 '대논쟁'을 목격하게 된다. 이론적으로 볼 때 가장 흥미로운 것은 현대의 공장 내부에서 벌어지는 갈등의 정치적 차원, '자본주의적 계획'에 복종하기를 거부하는 노동력(또는 '대중노동자'의 조건으로 환원되기를 거부한 '사회적 노동자')에 대한 분석을 깊이 있게 쇄신한 이탈리아 자율주의 내부에서 발생한 입장들의 분기일 것이다. 이들의 문제설정은 권력형태(특히 '상품형태'에 대한 맑스의 분석을 모델 삼아 사유된 '국가형태')와 정치적 주체화 과정의 관계라는 문제를 재개한다. 예컨대 슈미트를 읽고 영향 받은 트론티는 모든 형태의 자본주의적 노동조직이 국가의 작용을 전제한다는 사실을 확인한 뒤 '정치적인 것의 자율성'이라는 통념을 옹호하고, 국가가 더 이상 고전적인 자유주의 유형의 국가가 아니라 케인스적인 '개입주의' 유형 또는 기독교-민주주의적인 '합의주의' 유형의 국가일 경우 정치적 적대는 어떻게 제도화되는가라는 문제를 제기한다. 그러나 이와 달리 안토니오 네그리는 '계획국가'의 구조적 위기라는 테제에서 출발한다. 네그리는 정치적인 것의 자율성을 억압적 관행의 일반화를 은폐하는 사회적 갈등의 허구적 매개로 간주하며, 노동의 재구성을 목표로 하는 자본의 통제에 맞서 모든 '제도적 매개'를 파괴하는 집합적 노동자의 영속적 봉기를 '노동자들의 자율성'이라는 이름 아래 이론화한다.[47] 푸코가 같은 시기에, 특히 『감시와 처벌』(1975)에서 발전시키기 시작한 '권력'에 대한 관점과 이런 이론들을 대질시켜보면 훨씬 더 흥미로울 것이다. 맑스가

---

47) 안토니오 네그리, 이원영 옮김, 『디오니소스의 노동: 국가형태 비판』(전 2권), 갈무리, 1996~97; Mario Tronti, *Sogetto, crisi, potere*, a cura di Alessandro Pazzini e Antonio De Martinis, Bologne: Capelli, 1980.

『자본』에서 노동자의 신체를 생산적 도구로 전환시키는 것을 목표로 삼는 자본주의적 폭력에 대해 수행한 분석을 푸코는 좀 더 일반적인 틀 속에 포함시킨다. 근대 사회에 존재하는 지배의 '규율'메커니즘, 국가의 운용을 위해 반항·불법행동을 활용하는 것의 '전략적' 기능에 관한 이론으로 말이다(이것은 프랑크푸르트학파, 특히 게오르크 루셰와 오토 키르히하이머의 연구를 굴절시킨 것이다[48]). 이렇게 해서 계급투쟁과 경제적·정치적 게발트에 대한 맑스주의적 이론화가 일정한 방식으로 의문시된다. 맑스주의 역사가들(에릭 홉스봄)은 '전前자본주의' 사회에 관해서만 정치적 폭력('반란')과 범죄적 폭력('비행')의 경계를 문제 삼았을 뿐 계급투쟁의 '발전된' 형태에 대해서는 그렇게 하지 못했다(무정부주의와의 논쟁에서 비롯한 금기는 그만큼 강력했다).[49]

2) 반제국주의적 순환과 '현실적 파국'

1959년에 집필한 텍스트 「과거에 관해 작업한다는 것은 무엇을 의미하는가?」에서 테오도르 아도르노는 독일에 국가사

---

48) Georg Rusche and Otto Kirchheimer, *Punishment and Social Structure*, New York: Columbia University Press, 1939.

49) Eric Hobsbawm, *Primitive Rebels: Studies in Archaic Forms of Social Movement in the 19th and 20th Centuries*, Manchester: Manchester University Press, 1959. [진철승 옮김, 『반란의 원초적 형태: 자본주의 발전에 따른 유럽 소외 지역 민중운동의 모든 형태』, 온누리, 2011.]

회주의[즉, 나치즘]가 여전히 '존속'하고 있다는 문제를 제기한 바 있다. 객관적 경제질서와 역사적 파국에 대한 모종의 공포, 바로 이런 공포가 낳은 방어메커니즘에 뿌리를 두고 있는 일종의 심리적 구조로서 말이다.

그 그늘 아래에서 더 이상 살아갈 수 없는 과거를 청산하고 싶어 하는 것은 당연한 일이다. 죄의식과 폭력이 늘 새로운 죄의식과 폭력으로 청산되어야 한다면 공포/테러는 끝나지 않을 것이다. 하지만 우리가 벗어나고 싶어 하는 과거가 아직 생생하게 살아 있는 한, 이 과거의 청산은 정당화될 수는 없다. 국가사회주의는 여전히 존재한다. 심지어 우리는 그것이 (죽은 뒤에도 사라지지 않을 만큼) 괴기스러운 것의 유령인지, 사실은 전혀 죽지 않는 것인지, 차마 입 밖에 꺼낼 수조차 없는 짓을 범하려는 성향이 인간 존재뿐만 아니라 그들을 둘러싼 사회적 관계 속에서 영속하는 것인지 알지 못한다.[50]

이 텍스트의 뒷부분에서 아도르노는 생성 당시의 조건을 넘어 영속될 수 있을 뿐만 아니라 정치를 민주화하려는 모든

---

50) Theodor W. Adorno, "Was bedeutet: Aufarbeitung der Vergangenheit?," *Gesammelte Schriften*, vol.10-2, hrsg. Rolf Tiedemann, Frank-furt/Main: Suhrkamp, 1977, p.555. [이하 이 텍스트에서 인용된 부분의 번역은 발리바르의 것을 따랐다.]

시도에 장애물이 될 수도 있는 이 '공포/테러'의 구조에 대한 두 가지 종류의 접근법을 결합한다. 한편으로 게오르크 루카치의 저작 이래로 사회의 사물화(또는 탈주체화) 과정 전체로 확장된 맑스의 문제설정, 즉 '상품 물신숭배'에서 영감을 얻은 사회적 소외에 관한 비판이 있다.

철학적으로 말해보면, 사람들이 민주주의를 낯설게 느끼는 방식은 사회 전체가 자기 자신에 대해 낯설게 된 방식을 반영한다고 말할 수 있을 것이다.[51]

다른 한편으로, 이미 『권위주의적 인성』(1950)[52]에서 적용한 바 있는 지그문트 프로이트의 동일화[동일시]identification 개념(『집단심리학과 자아분석』[1921], 『문명 속의 불만』[1930])에 대한 준거가 있다.

만약 권위에 복종하는 사람들의 인성autoritätsgebundene Charaktere 을 특정한 정치경제적 이데올로기라는 관점에서만 추론하

---

51) Adorno, "Was bedeutet," p.560.

52) (with Else Frenkel-Brunswik, Daniel Levinson, and Nevitt Sanford) Theodor W. Adorno, *The Authoritarian Personality*, New York: Harper and Row, 1950; *Gesammelte Schriften*, vol.9-1, hrsg. Rolf Tiedemann, Frankfurt/Main: Suhrkamp, 1975.

려고 한다면 우리는 완전히 그릇된 판단을 내릴 수 있다.
1933년 이전에 수백만 명의 유권자가 나치스당과 공산당
사이에서 동요하던 잘 알려진 현상은 사회심리적 관점에서
볼 때 전혀 우연이 아니다. …… 권위에 복종하는 사람들의
인성은 내용에 대한 일체의 고찰 이전에 현실적으로 존재하
는 권력 그 자체와 자신을 동일시한다.[53]

곧이어 이런 두 가지 설명적 요인은 사태의 힘에 대한 예
속화(에티엔 드 라 보에티의 저 유명한 표현을 빌리자면 '자발
적 예속'이라고도 말할 수 있을 것이다)의 단일한 도식 속에
서 통합된다.

지배적인 경제질서와 그것에 상응하는 경제적 조직은 다수
로 하여금 그들이 도저히 어찌 할 수 없는 상황에 종속되게
만들며, 그리하여 그들을 소수자로 만들어버린다. 만약 생존
하고 싶어 한다면 사람들에게는 상황에 적응하는 것 이외에
는 별다른 도리가 없다. …… 기존 사태와의 동일시, 세력 그
자체와의 동일시를 실행하는 이런 적응의 필연성이야말로
전체주의를 낳는 것이다.[54]

---

53) Adorno, "Was bedeutet," p.561.
54) Adorno, "Was bedeutet," p.567.

『계몽의 변증법』[55]에서도 '반유대주의의 요소들'을 설명하는 데 동일한 용어가 원용됐다. 개인들의 주체성이 그 자체로 억압되는 '그릇된 사회질서'는 생산조직과 분리될 수 없고 그 조직에 의해 '본성적인 것'이 되는 '파괴의지' 또는 모종의 증오를 자생적으로 산출한다. 그 다음으로는 민족공동체Volksgemeinschaft에 대한 보상적補償的 표상으로 통합되고, (유럽) 근대 문명이 자기 내부의 타자성을 구현하는 것으로 간주하는 역사적 집단들로 투사된다. 따라서 이런 증오는 자기 파괴적인 증오이기도 한 것이다.

지금 소개한 아도르노의 작업에 포함된 요소들 각각에는 응당 논란의 여지가 있을 수 있다. 특히 그 요소들이 결합되는 방식에 대해서는 더 그렇다(게다가 이런 결합을 해명하는 일은『계몽의 변증법』에 나오는 보편적 이성의 '폭력화'에 관한 형이상학 전체를 다뤄야 할 만큼 아주 어려운 일이다). 하지만 우리가 여기서 관심을 갖는 것은 아도르노의 담론에서 보이는 두 가지 주목할 만한 특징이다. 한편으로 아도르노는 정치에 대한 우리의 표상(여기에는 노동운동의 표현으로서 맑스주의 전통이 만들어낸 표상도 포함되는데, 특히 이 표상이야말로 여기에 포함되는 것이 마땅할 것이다)을 뒤집어엎는 비가

---

55) 테오도르 아도르노·막스 호르크하이머, 김유동 옮김,『계몽의 변증법: 철학적 단상』, 문학과지성사, 2001.

역적인 사실을 현실적인 동시에 상징적인 '파국'으로 지칭한다. 다른 한편으로 아도르노는 자신의 논변 뒷부분에서 나치즘의 유령과 결부된 위협과 반제국주의 해방운동이 지닐 수 있는 위협을 주저 없이 연결시킨다. 왜냐하면 양자 모두 민족 공동체에 대한 찬양에 기초를 두고 있기 때문이다.

오늘날 파시스트적 욕망das faschistische Wunschbild은 소위 '저발전' 국가들(이제는 더 이상 이런 명칭이 쓰이지 않고 '개발도상국'이라고 불린다)에서 볼 수 있는 민족주의와 별 문제없이 융합된다. 늦게 발전을 시작해 제국주의 경쟁에서 불리한 처지에 있다고 느끼며 자신들에게도 참여할 자리를 달라고 요구하던 나라들에 대한 이런 공감Einversändnis은 전쟁[제2차 세계대전] 중 '프롤레타리아 국민들'의 이름으로 '서양의 금권통치'에 반대하던 구호들에서 이미 표현된 바 있다. …… 오늘날 민족주의는 낡은 것이자 아주 현재적인 것이기도 하다. …… 하지만 민족주의는 과거에서 전승되어 [사람들의] 심리를 장악하고 있는psychologisch eminent besetzte 국민이라는 이념이 국제 경제에서 하나의 이익공동체를 표현하고, 수백만 명의 사람들로 하여금 직접적으로는 그들 자신의 목표로 나타나지 않는die sie nicht unmittelbar als die ihren betrachten können 모종의 목표에 열광하도록einzuspannen 만들 수 있는 충분한 힘을 지니고 있는 한에서만 현재성을 얻을 수 있다. …… 민족주의는 그 의미가 이미 완전히 변한 시기에만in dem es sich bereits überschlug 사디즘적이고 파괴적이 된다.56)

이런 정식을 제3세계 해방투쟁에 대한 불신의 표현으로 해석할 수는 없다. 오히려 이런 정식은 (적어도 유럽에서는) 반제국주의 투쟁의 발견, 이런 투쟁의 범세계적 의미를 확장된 맑스주의적 틀 안에서 인식할 수 있는 가능성(이것은 고전적인 제국주의 이론에 의해 예비됐다)의 발견이 수많은 혁명가들과 '좌파' 활동가들로 하여금 폭력의 정치라는 관념 자체에 본래적인 이율배반의 요소를 은폐하게 만들었던 시기에 극단들의 마주침이 일어나는 방식을 비판적으로 고찰한 것이라고 해석되어야 한다. 결론적으로 우리는 다음과 같은 질문들의 매듭에 대해 언급해보고 싶다.

첫 번째 중요한 논점은 이렇다. 제2차 세계대전 전후로 해방투쟁이 야기한 집약적 이론화 작업이 ('발전' 이론에 중심적 지위를 부여한 것처럼) 정치사상의 영역에서 게발트에 점점 더 중심적 지위를 부여함으로써 게발트에 대한 성찰의 적용 영역을 현저히 확장한 것은 분명하지만, 그럼에도 이런 범주에 대한 정의를 근본적으로 변형시키지는 못했다는 점이다. 심지어 그런 작업은 엥겔스 이후의 맑스주의 이론가들(특히

---

56) Adorno, "Was bedeutet," pp.565~566.

레닌, 그리고 무엇보다 그람시)이 전력을 다해 맞서 싸웠던 게 발트의 제도적 측면과 자생적 측면이라는 이분법으로 회귀하고 있다고 생각해볼 수도 있다. 비유럽의 인간들에 대한 인종주의로 물들어 있고, 결국 수세기 동안의 말살 시도까지 서슴지 않는 문명이 [저발전 국가들에] 절대적 궁핍화의 만연과 (식민적이거나 반#식민적인) 가혹한 정치적 지배를 불러왔다. 이런 특징적 상황에서 상이한 해방투쟁의 흐름들은 저마다의 방식으로 폭력이 진정한 의미에서 선택의 대상이 아니라 강제된 것이라는 사실을 깨닫게 됐다. 유일하게 열려 있는 가능성은 폭력을 재정비하고 그 실행 양상을 재발명하는 일이다. 이런 시각에서 볼 때는 단 하나의 명백한 예외만이 존재했는데, 그것은 마하트마 간디가 시도했던 '비폭력'의 정치이다. 우리는 이 점에 관해 다시 거론할 것이다.

다른 한편으로, 우리는 **인민 전쟁**(중국의 마오쩌둥) 내지 **게릴라 전쟁**(라틴아메리카의 피델 카스트로와 체 게바라)으로서의 군사화된 혁명투쟁 이론을 얻게 된다.[57] 당시 양쪽의 상

---

57) 모택동, 김승일 옮김, 「중국 혁명전쟁의 전략 문제」(1936), 『모택동 선집 1』, 범우사, 2001; 「지구전을 논함」(1938), 『모택동 선집 2』, 범우사, 2002; 모리스 마이스너, 김광린·이원웅 옮김, 『모택동사상과 마르크스주의』, 남명문화사, 1987; Ernesto 'Che' Guevara, *Guerrilla Warfare*, New York: Monthly Review, 1961; 레지 드브레, 석탑편집부 옮김, 『혁명 중의 혁명』, 석탑출판사, 1987; Régis Debray, *La Critique des armes*, tome 1, Paris: Seuil, 1974.

호대립은 전위와 대중, 정치적 요인(이데올로기적 요인)의 우위와 군사적 요인의 우위, 민족주의와 국제주의 사이의 절합에 관한 상이한 관점들이 대결하는 격렬한 이데올로기적 논쟁을 야기한 바 있다. 특히 이 논쟁은 정치에 관한 고전적 정의의 기초인 전쟁과 혁명의 구별(슈미트의『파르티잔 이론』같은 반혁명적 저작에서도 수용된 구별[58])을 문제 삼으며 의심할 바 없이 **전쟁의 사상사**에서 한 시대를 대표했다. 하지만 이 논쟁에서 계급 분석이 **전략적 모델**에 따라 이뤄졌다는 사실은 충격적이다. 제아무리 각자의 계급 분석이 미묘하게 달랐다 하더라도(게바라나 레지스 드브레보다는 마오쩌둥의 저작이 좀 더 명료하다) 모두들 시공간 상에서 진화하는 '세력'과 '행위자'의 배치만이 문제가 되는 전략적 모델을 따랐을 뿐이다. 이들이 보완적으로 어떤 **이상**idéalité, 특히 해방의 과정 저편에서 찾아올 '새로운 인간'의 도래와 관련된 종말론적 관점에 준거해 자신들의 객관주의를 보충해야 할 필요성을 느꼈던 이유가 바로 이 때문인 듯하다.

이런 객관주의에 직면해 파농의 것과 같은 극단적인 주관주의적 담론이 나왔다(식민주의의 극단적 폭력을 쫓아내려던 장-폴 사르트르가 확산시킨 이 담론은 꾸준히 보편적인 반향

---

58) 칼 슈미트, 김효전 옮김,『파르티잔』, 문학과지성사, 1998; 김효전 옮김,『정치적인 것의 개념』, 법문사, 1992.

을 얻었다). 여기서 문제가 되는 것은 조직된 **권력 내지 세력**으로서의 게발트가 아니라 '절대적 실천'으로서의 게발트이다. 즉, 식민주의자들이 축적해온 테러의 능력을 식민주의자들에게 맞서 되돌려줌과 동시에 즉각적으로 피식민자들이 정신적 해방을 **이루게** 해주는 게발트가 바로 그런 것이다.

개인적 차원에서 폭력은 정화의 힘을 가진다. 폭력은 원주민에게서 열등감, 좌절, 무기력을 없애주고 용기와 자존심을 되찾게 해준다. …… 인민이 민족해방에서 폭력의 역할을 떠맡았을 경우 인민은 어느 누구도 '해방자'로 자처하는 것을 용납하지 않는다. 그들은 자신들의 행동으로 얻은 결과를 놓치지 않으려 하며, 자신들의 미래와 운명을 살아 있는 신의 손에 내맡기려 하지 않는다. 어제 그들은 완전히 무책임했으나 오늘은 모든 것을 이해하고 모든 결정을 내리고자 한다. 폭력으로 인해 깨어난 인민의 의식은 일체의 화해를 거부한다. 이때부터 선동가, 기회주의자, 마술사들은 어려운 임무를 맡는다. 육탄전으로 내몰렸던 대중은 구체적인 것에 대해 탐욕스러워진다. 신비화하려는 시도는 결국 실천적으로 불가능해지고 만다.59)

---

59) 프란츠 파농, 남경태 옮김, 『대지의 저주받은 사람들』, 그린비, 2004, 118쪽. 50여 년이 지난 지금은 다시 읽기 힘든 이 텍스트와 달리, 우리의 포스트식민적인 정체성 속에 일반화된 '이중의식' 때문에 『검은

사실 이 거대한 간극은 결코 메워지지 못했다. 반혁명적인 전략(또한 극한적으로는 반제국주의 운동에 고유한 권위주의적이고 전체주의적인 일탈)에 직면해 반제국주의 운동을 지적으로 무력화시킨 것이 바로 이런 간극이었을 것이다.

파농의 담론과 비교해볼 때, 우리는 **위기 담론들**이 정치적 효력까지는 아닐지언정 어쨌든 좀 더 큰 이론적 창조성을 지니고 있던 것은 아닌지 생각해볼 수 있을 것이다. 이런 담론들은 파시즘의 시기 내내 유럽에서 '잔혹성'에 관한 니체의 테제들, 혹은 죽음충동과 그것이 집합적 정체화에서 수행하는 역할에 관한 프로이트의 테제들을 (아도르노에게서 살펴봤듯이) 맑스주의적 분석 범주와 결합함으로써 극단적 폭력의 발생과 그것이 지닌 정치적 공간의 파괴 역량(혁명적 정체성을 전도시키는 것도 이에 포함된다)을 '부정적으로' 해석하려고 시도했다. 따라서 이런 담론들은 고전적인 맑스주의자들처럼 진보적이고 생산주의적인 인간학적 지평 위에서 계급투쟁에 대해 사유하기를 결연히 거부했다. 『파시즘의 대

피부, 하얀 가면』(1952)은 호명의 힘을 온전히 회복하고 있다. 신제국주의의 맥락 속에서 [피식민 국가들이] 독립을 이룬 뒤 일어난 일을 파농 자신이 어떻게 사유했을까라는 문제는 정의상 결코 분명하게 해명되지 못할 것이다. 파농에게서 볼 수 있는 식민주의와 민족주의의 모방 효과에 대한 비판을 검토하고 있는 좀 더 미묘한 논의로는 다음의 책을 참조하라. 에드워드 사이드, 박홍규 옮김, 『문화와 제국주의』, 교보문고, 2005, 510쪽 이하.

중심리』(1933)에서 빌헬름 라이히가 시도한 분석, 조르주 바타이유의 「파시즘의 심리구조」(1933~34), 벤야민이 「폭력의 비판을 위하여」(1921)와 「역사의 개념에 대하여」(1940)에서 종합적으로 시도한 작업이 그랬던 듯하다. 물론 이 각각의 작업들 사이에는 상당한 차이가 존재한다.

(때로는 광적이기까지 한 자연주의적 생물학주의의 양의성에도 불구하고) 라이히는 완강히 맑스주의의 맹점(스스로 "자신들의 역사를 만드는" 데 책임지는 대중의 운동과 결집에 '비합리적' 리비도 구조가 있다는 점)을 지적했으며, 이와 대칭적으로 마땅히 정치의 관개체적trans-individuel 소재를 사유케 해줬어야 하지만 그렇게 하는 데 실패한 프로이트주의의 맹점(가부장적인 가족형태와 결탁해 있는 국가의 억압적 기능에 대한 부인)도 지적했다. 이런 작업은 거의 50여년 뒤에 들뢰즈가 펠릭스 가타리와 공저한 『반反오이디푸스』(1972)와 『천개의 고원』(1980)에서 수행한 분석의 출발점이 된다.[60]

바타이유는 국가를 계급의 이해관계에 봉사하는 권력장치일 뿐만 아니라 생산적 효용에 중심을 둔 사회의 '동질적 부분'을 보호하는 경향이 있는 제도로 이해하기도 했다. 즉,

---

60) 빌헬름 라이히, 황선길 옮김, 『파시즘의 대중심리』, 그린비, 2006; 질 들뢰즈, 김종호 옮김, 「추신: 통제사회에 대하여」, 『대담 1972~1990』, 솔, 1992; 질 들뢰즈·펠릭스 가타리, 김재인 옮김, 『천 개의 고원』, 새 물결, 2001.

국가는 사회의 '이질적 부분,' 성스러운 것과 더러운 것이라는 대립적 형상뿐만 아니라 주권과 (더 일반적으로는) 지배자의 성애적 토대로 사용되는 개인적이거나 집합적인 폭력 형태를 조우하게 만드는 동화될 수 없는 힘들이 산출하는 부메랑 효과에 대항하는 제도이기도 하다는 것이다.[61] 바타이유는 (무솔리니나 아돌프 히틀러의) 파시스트 조직이 사회생활의 이질적 요소가 전면에 드러나도록 조장하고, 이 요소를 사회에서 추방된 희생자들에게 집중시키지 않았다면 억압된 대중을 동원할 수 없었을 것이라고 주장했다. 그리고 대담하게도 프롤레타리아트 내지 인민은 파시즘과 똑같은 요소를 동원한다는 조건 아래에서만 파시즘에 맞서 승리를 거둘 수 있다고 제안했다(여기서 바타이유는 나름대로 룸펜프롤레타리아트에 관한 맑스의 관점에 준거하지만 맑스와는 반대로 룸펜프롤레타리아트에 긍정적인 의미를 부여한다).

마지막으로 벤야민은 (소렐의 영향을 받은 것이 분명한) 청년 시절에 쓴 어떤 글에서 모든 제도적(법적) 게발트는 **독점**이라는 형태, 따라서 **권력 과잉**이라는 형태를 띠며, 필요할 경우에는 법과 불법의 경계를 그으며 사회 속에서 자신의 과녁을 설정한다는 점을 보여준 바 있다.[62] 그리고는 이런 제도적

---

61) Georges Bataille, "La structure psychologique du fascisme," *Oeuvres complètes*, tome 1, éd. Denis Hollier, préface de Michel Foucault, Paris: Gallimard, 1970, pp.339~371.

폭력에 '신의 폭력'이라는초법적인, 따라서 혁명적인 형상을 대립시킨다. 이런 초법적인 폭력은 제도를 파괴함으로써 제도를 재정초하지만, 그 자체가 국가의 폭력과 해방적 폭력으로 분리된다. 이런 정식화는 훗날 바타이유가 제안한 정식화와 가깝지만(이 둘의 정식화는 '주권'에 준거한다는 점에서 공통적이다), 벤야민의 정식화는 극단적 폭력의 양가성을 해법이 아니라 아포리아로 제시하고 있다. 실제로 파시즘을 겪고 맑스주의와 조우한 지 훨씬 뒤에 쓰인(사실상 자신의 미완된 저작을 종결짓는) 1940년의 테제들에서 벤야민은 스파르타쿠스동맹*을 착취자들에 대한 '증오'와 '희생의 정신'을 결합한 블랑키 전통의 후예로 간주한다.** 하지만 무엇보다도 벤야민은 지배자들의 폭력과 피지배자들의 폭력, 역사의 '패배자들의 세대'의 폭력 사이에 절대적인 경계선을 긋는데, 후자

---

62) 발터 벤야민, 진태원 옮김, 「폭력의 비판을 위하여」, 자크 데리다, 『법의 힘』, 문학과지성사, 2004; 최성만 옮김, 「역사의 개념에 대하여」, 『역사의 개념에 대하여 외』, 도서출판 길, 2008.

* Spartakusbund. 1917년경 리프크네히트(Karl Liebknecht, 1871~1919)와 룩셈부르크 등이 독일사회민주당과 결별하고 새로이 창설한 좌파 정치조직으로, 1919년 독일공산당 창당의 모체가 됐다.

** 발리바르는 벤야민의 12번째 테제를 암시하고 있다. "역사적 인식의 주체는 투쟁하는, 억압받는 계급 자신이다. …… '스파르타쿠스'에서 다시 한 번 위세를 보였던 이 의식을 사회민주주의는 예전부터 못마땅하게 여겼다. 30여 년이 경과하는 동안 사회민주주의는 그 쩌렁쩌렁한 목소리가 지난 19세기를 뒤흔들었던 블랑키라는 이름을 거의 말살하는 데 성공했다." 벤야민, 「역사의 개념에 대하여」, 343쪽.

가 해방적 폭력으로 전도되는 (메시아적 사건과 비교될 만한) 있을 법하지 않은 사건은 오랫동안 누적된 폐허에 의미를 부여하고 또 다른 역사의 가능성을 열어놓는다.

의심할 여지없이 이 모든 정식은 신화적(또는 신비적) 측면을 간직하고 있다. 그렇지만 이런 정식들에는 이를테면 계급투쟁과 세력관계, 무엇보다 '계급의식'의 '배후'에서 (착취와 지배의 메커니즘 속에 구조적으로 함축된) 객관적 폭력의 형태가 주관적 폭력(심지어는 상상적인 집합적 '전능성'에 대한 동일시와 매혹에 의해 전개되는 초주체적 폭력)과 결합하거나 아예 주관적 폭력으로 변모되는 일이 일어나는 (프로이트식으로 말하면) **또 다른 무대**의 존재를 가리킨다는 공통점도 있다. 제아무리 사변적인 방식으로 표현됐을지언정 이런 관념은 역사를 폭력의 '전환'으로 사유할 수 있다고 간주하는 일체의 사고방식, 특히 (국가의 폭력이든 혁명의 폭력이든 간에) 폭력을 사용하는 이들에 대해 폭력이 미치는 **역효과** 없이도 **폭력을 제어**할 수 있다고 믿는 일체의 사고방식과 원칙적으로 거리를 둔다는 장점을 지니고 있다.

(러시아 혁명에 관한 룩셈부르크의 몇몇 논평[63]은 예외로 하고, 모든 맑스주의 이론가들에 맞서) 폭력을 제거하거나 초

---

63) 로자 룩셈부르크, 풀무질편집부 옮김, 「러시아 혁명」(1918), 『룩셈부르크주의』, 풀무질, 2002.

월할 수 있다고 믿지 않으면서도 폭력을 전술적·역사적으로
제어할 수 있다는 미망을 비판하는 것이 꼭 **폭력의 정치**라는
질문을 제거하는 것은 아니다. 거꾸로 이런 비판은 다른 기
초 위에서 이 질문을 재개하는 것이다. 이 비판은 역사를 다
시 만드는 일도 아니다. 오히려 지금까지 회피됐거나 너무 성
급히 결론지어진 논쟁을 재개하는 일이다. 그런 논쟁 중 (아
주 근본적인) 하나만 언급해보면, 맑스주의의 역사에서 '이뤄
지지 못한 위대한 만남' 중 하나인 레닌주의적 '프롤레타리
아 독재'의 정치와 인도에서 간디가 이론화하고 실행한 '비
폭력'·'시민불복종'의 정치 사이의 대결이 있다. (레닌주의 못
지않게 결정적이지만, 장기적 관점에서 보면 레닌주의 못지않
게 문제적 결과를 산출한) 간디의 정치는 20세기에 등장한 또
다른 형태의 위대한 혁명적 실천이다. 왜냐하면 간디의 비폭
력은 도덕이 아니라(또는 오히려 단지 도덕만이 아니라) 무엇
보다 하나의 정치, 억압자들과 피억압자들의 사회적 갈등에
대한 독자적인 관점과 더불어 '수단과 목적의 전환'을 제도
화함으로써 이런 갈등의 세력관계를 점진적으로 전도하고자
하는 독자적인 방식을 갖춘 정치였기 때문이다.[64]

---

64) 요안 V. 본두란트, 유성민 옮김, 『간디의 철학과 사상』(개정판), 현대
    사상사, 1991; Bipan Chandra, *Indian National Movement: The Long
    Term Dynamics*, New Delhi: Vikas Publishing House, 1988. 찬드라
    는 맑스주의적 문제의식을 갖고 있는 저자 중 유일하게 이 문제를 탐

결코 일어나지 않은, 그렇지만 전 세계적으로 폭력의 경제가 전개되고 있는 동시에 주권과 대표[대의민주주의]가 위기에 처한 21세기를 살아가는 사람들의 머릿속에서는 일어날 수도 있는 이런 허구적인 만남은 국가를 문명화해야 할 필요성만이 아니라 혁명을 문명화해야 할 필요성에도 주목하게 만드는 장점을 지니고 있다. 이 두 가지 과제는 어느 하나도 쉽지 않은 것이지만, 점점 자신의 다양성과 동시에 자신의 약점을 발견해온 맑스주의의 이론적 전통을 재발견하기 위해서는 필수적인 전제조건이다.

구한 위대한 인물이다. [내가 "찬드라는 …… 유일하게 이 문제를 탐구한 인물"이라고 말한 것은 부정확한 언급이었다. 인도공산당의 창립자 당게(Shripat Amrit Dange, 1899~1991)가 이미 『간디 대 레닌』(*Gandhi vs. Lenin*, Bombay: Liberty Publishers, 1921)이라는 소책자를 출간한 바 있기 때문이다. 이 자리를 빌어 나에게 이 귀중한 책의 복사본을 제공해준 바너드대학교의 역사학과 교수 라오(Anupama Rao, 1970~)에게 깊은 감사의 마음을 표하고 싶다 ─ 발리바르.]

2 폭력과 시민다움*
정치적 인간학의 한계에 대하여

* 원래 이 글은 2003년 12월 4~5일 이틀간 파리 가톨릭대학교의 철학
부와 실천철학·철학적인간학연구소(Laboratoire de philosophie pratique
et d'anthropologie philosophique)가 공동으로 주최한 바 있는 콜로
퀴엄, "요청으로서의 인간적인 것: 현황과 보편성"(L'humain comme
exigence: Situations et universalité)에서 발표된 바 있다.

이 콜로퀴엄의 제목과 주제가 나로 하여금 이 발표를 하도록 자극했는데, 이 발표문은 폭력과 '시민다움'으로 이해된 정치의 관계라는 주제에 관해 내가 이전에 발표한 몇몇 연구의 연장선상에 있다. 이렇게 해서 우리가 서로 기꺼이 준비가 되어 있는 만남의 장이 이뤄지기를 바라는데, 다만 이런 만남이 오해에 기초해 이뤄지지 않기를 바랄 뿐이다.

나는 세 가지 논점을 중심으로 내 명제를 분절해볼 생각이다. 나는 이 세 가지 논점이 서로 연관되어 있음을 보여주겠지만, 그렇다고 각 논점에 온전한 체계성을 부여하지는 않을 것이다(논증을 위해서는 이런 체계성이 필요할 것이다). 이렇게 하는 것은 단지 시간이 부족하거나 여건이 허락하지 않아서일 뿐만 아니라 내 자신에게 무엇보다 중요한 것은 아무리 해도 결정적인 '해법'이 존재할 수 없는 문제들 사이에서 한 가지 문제적인 통일성을 **탐구**해보는 일이기 때문이기도 하다. 세 가지 논점은 각각 다음과 관련되어 있다.

① 극단적 폭력의 현상학. 이런 현상학은 우리 자신이 그 속에 처해 있거나 그 '구경꾼'이 되고 있는 극단적 폭력의 동시대적 발현태에서 출발해, 이 발현태를 시초 이래로 정치적 인간학을 정의해온 질문과 연결함으로써 정치적 '행위'가 가능한 조건을 다시 사유하도록 우리를 강제한다.

② **악**, **폭력**, **죽음**처럼 윤리, 인간학, 정치의 절합 자체를 지휘하는 것처럼 보이는 '부정적인 것'의 범주를 언표하고 이런 범주를 비판, 심지어 탈-구축해야 할 필요성.

③ 구조적·정세적 폭력으로 특징지어지는 현존 상태를 변혁할 정치가 필요한데도 그런 정치가 해방적 봉기, 혹은 폭력의 허무주의에 맞서는 (외적이고 내적인) 저항, 곧 시민다움의 긴급함을 포기할 수도 없을 때 직면하게 되는 딜레마(나는 다른 이들을 따라 이것을 **비극적**이라고 마음대로 부른다).

1. 극단적 폭력의 현상학

'극단적 폭력'이라는 표현의 의미를 해명하면서 시작해야 할 것 같은데, 그럴려면 극단적 폭력의 전형적 측면 내지 본질적 특징에 대한 이해방식을 따라 극단적 폭력을 파악해야 한다. 다시 말해 아주 도식적인 형태로나마 극단적 폭력의 현상학 자체를 제시해야 한다.[1] 하지만 문제는 극단적 폭력이 **체험되는** 방식을 기술記述하는 것만이 아니다. 더 일반적으로 극단적 폭력이 개인적인 것의 극과 집합적인 것의 극 사이에서, 또는 객관적인 것의 극과 주관적인 것의 극 사이에서 분배되는 방식을 기술하는 것이 중요하다. 물론 상이한 양상에 따라 체험되는 극한적 경험, 또는 인간을 해석·견습·반작용·전화轉化 가능성의 극한으로 이끄는 경험으로 간주될 수 있는 생생한 경험을 주재하는 것 역시 이런 분배 방식이다. 왜냐하

---

1) 엠벰베 역시 나와 마찬가지로 '폭력의 현상학'이라는 표현을 사용한 바 있는데, 나는 뒤에서 이 책으로부터 몇 가지 요소를 빌려올 생각이다. Achille Mbembe, *De la postcolonie: Essai sur l'imagination politique dans l'Afrique contemporaine*, Paris: Karthala, 2000; *On the Post-colony*, Berkeley: University of California Press, 2001. 특히 5장(「세계 바깥으로」)을 참조할 것. 무엇보다 엠벰베는 헤겔적인 의미의 현상학 관념에 준거하는데, 이런 의미의 현상학은 의식을 그것의 한계와 맞닥뜨리게 함으로써 의식의 역사성을 이끌어낸다. 또한 현상학은 마르틴 하이데거의 경우나 그 이후 어느 정도까지는 한나 아렌트의 경우처럼 세계-내-존재[세계에 존재하고 있음]의 '실존론적 분석'으로 이해될 수도 있으며, 앙리 베르그손과 장-폴 사르트르의 몇몇 논의에 의지하는 질 들뢰즈의 경우처럼 생명의 잠재성을 드러내는 사건들의 '내재성의 평면'이 전개되는 것으로도 이해될 수 있다. 이런 모델들 중 어떤 것을 따르든 간에 현상학적 이해는 반드시 설명의 기획, 심지어 '인과적' 설명의 기획을 배제하지 않는다. 다만 그런 기획의 실현을 상이한 형태로 분화하고 환원주의적 공준을 중지시키는 데 기여할 뿐이다. 확실히 덜 현상학적이고 더 인류학적인 분야에서 본다면, 특히 식민주의 시기부터 탈식민화에 이르기까지 알제리에서 극단적 폭력이 재생산되고 있는 방식을 분석한 카를리에의 작업이 참조할 만하다. Omar Carlier, "Violence(s)," *La Guerre d'Algérie, 1954-2004: La fin de l'amnésie*, dir. Mohammed Harbi et Benjamin Stora, Paris: Robert Laffont, 2004, pp.347~379.

면 이런 경험은 개인적이고 사회적인 정체성, 신체와 정신의
완전성, 주체와 그의 역사적·지리적 환경이 맺는 상호귀속
적 연관성을 의문에 빠뜨리기 때문이다.[2] 이 콜로퀴엄의 다
른 발표자는 개인성이 생활환경이나 노동 장소의 체계와 연
결되는 방식에 대해 발표하기도 했다. 개인성이 주변 공동체
나 '상상된' 공동체와 연루되고, 연속적인 세대들을 포함하기
때문에 항상 개인성 자체를 뛰어넘지만 개인성이 기초를 둘
수밖에 없는 어떤 시간 속에서 구성되는 것처럼, 결국 개인성
이 공간 속에서 구성되는 방식에 대해서 말이다.[3]

　　이런 기술은 조르조 아감벤이 강제수용소와 학살수용소
의 패러다임을 일반화해 탁월하게 다듬어낸 **예외상태** 같은 통
념에 주목하게 만든다. 아감벤의 지적에 따르면 수용소는 정

---

2) 이렇게 보면 『전체주의의 기원』의 결론 바로 앞 장 「권력을 장악한 전
　　체주의」에서 아렌트가 최초로 증명한 분석, 즉 나치의 대학살(특히 학
　　살수용소에서 유럽 유대인들의 파괴)은 박해와 절멸의 차이를 만들어
　　내는 연속적인 세 가지 조건(법적 지위의 말소, 도덕적 인성의 파괴, 실
　　존적 개인성의 제거)의 실현을 전제로 한다는 분석의 중요성은 그동
　　안 충분하게 언급되지 못했다. 한나 아렌트, 이진우·박미애 옮김, 『전
　　체주의의 기원 2』, 한길사, 2006, 233쪽 이하. 달 라고는 이주자들의
　　조건과 관련해 아렌트의 분석을 설득력 있게 확대·적용한 바 있다.
　　Alessandro Dal Lago, *Non-persone: L'esclusione dei migranti in una
　　società globale*, Milano: Feltrinelli, 1999.
3) 나는 포셰의 글을 염두에 두고 있다. Fred Poché, "De l'espace comme
　　exigence sociale," *La Question de l'humain entre l'éthique et l'anthropo
　　-logique*, dir. Alfredo Gomez-Muller, Paris: L'Harmattan, 2004.

상적인 경우에서라면 인간의 사회적·정치적·문화적 실존의 제도들이 감추고 거기서 거리를 두게 만들도록 하는 그 무엇인가를 생산해냈다. 곧 '벌거벗은 생명'의 절대적인 취약함이나 절대적인 소모가능성, 또는 이렇게 말하는 것이 더 낫다면, 인간 세계의 중심에 존재하는 동물성의 차원을 생산해냈던 것이다. 따라서 사회 자체가 사회적 유대의 파괴를 생산한 셈이다.[4] 나는 이런 개념화의 강점, 그것이 사유할 수 있게 해준 문제를 전적으로 인정한다. 그렇지만 더 세분화되고, 어떤 의미에서는 덜 알레고리적인 현상학에서 출발해보는 것도 흥미로울 것이라고 믿는다. 이런 현상학은 오늘날 우리가 극단적 폭력으로 이해하는 것을 규정하는 특징 중 하나를 드러내주고, 곧장 [극단적 폭력에 대한] 단순한 해석을 내놓는 것이 어려운 이유를 이해시켜준다. 내가 염두에 둔 것은 극단적 폭력이 지닌 근본적으로 **이질적인** 성격이다. 우리는 이런 이질성을 통해 아직도 지속되고 있는 한 가지 동일한 윤리적·인간학적 질문을 보여주는 특징 전체를 재발견해봐야 한다. 이 점에 관해서는 결론에서 다시 언급하겠다.

그 자체의 정의상 '극단적' 폭력은 불편한, 심지어 역설적인 통념이다. 이런 통념은 사물들 자체에 존재하는 모종의 문턱 내지 표시될 수 있는 한계를 가리키지만, 이와 동시에

---

4) 아감벤의 '호모 사케르' 연작을 참조하라.

절대적인 기준과 양적인 계측을 초과한다. 말살이나 대학살, 노예화, 강제된 인구이동, 기근이나 전염병 같은 '자연 재해'에 대한 취약성에서 비롯한 대규모 빈곤화 현상(바로 이런 현상을 두고 '생존의 문턱'이라는 표현이 사용되곤 한다)을 포함하는 대대적인 현상 속에 극단적 폭력이 존재한다. 그렇지만 엄밀하게 말해서 개인적인 물리적·도덕적 고통의 부과 속에도, 신체적 온전함이나 자존감, 곧 자신의 '존엄한' 삶을 보호하고 보장받을 수 있는 가능성에 가해진 상처 속에도 극단적 폭력은 존재한다. 어떤 의미에서는 독특한 개인에 대한 준거역시 유적·사회적 상황에 대한 준거 못지않게 불가피하다. 왜냐하면 고유하게 인간적인 활동, 곧 언어, 노동, 성욕, 출산, 교육에 대한 경험을 지탱하는 생명과 마찬가지로 '인간'이나 '시민'의 권리를 지탱하는 생명은 궁극적으로 개인적인individuelle 생명 또는 오히려 **분할불가능한**individualisable 생명이기 때문이다(그렇다고 이런 생명이 [다른 생명들에서] **고립될 수 있다**는 것, 심지어 배제될 수도 있다는 말은 아니다).

이런 현상학에는 다른 복잡한 요소가 포함되기도 한다. 죽음, 강제이주, 지배자의 권력에 대한 예속을 유발하는 외상적 사건, '참사'의 난폭함과 느닷없는 돌발 속에도 극단적 폭력이 존재한다. 하지만 모종의 고질적인 지배가 무한정 반복되는 데도 극단적 폭력이 존재한다. 극한적으로 이런 지배는 사회나 문화의 토대와 일체화되어 있기에 폭력으로 보이지 않거나 식별되지도 않는다(특히 여성이 열등하게 취급받고 가정에서 노예적 상황에 처한 경우를 생각해볼 수 있다). 또한 도덕 관습의 정상성이 설립되는 방식 내지 인간 존재의 유용성이 측정되는 방식에 결부되어 있는 모종의 배제 속에도 극단적 폭력이 존재한다. 광인, 범죄자, 성적 일탈자의 배제가 그런 경우인데, 오늘날에도 여전히 자행되는 이런 야만성은 이런저런 '충격적인 사건들'이 벌어지면 적나라하게 드러나기 마련이지만, 누구도 이런 사실이 드러나는 것을 원하지 않기 때문에 정상적인 경우에는 그만큼 더 감춰지기 마련이다. 특히 미셸 푸코의 저작은 근대성의 역사와 하나를 이루고 있는 배제의 계보학을 재구성한 바 있다.5) 나는 여기서 이런 극단적 다양성(이런 다양성을 단순화하는 것은 피해야 하지만, 이와 동시에 이것들이 서로 수렴되는 계기를 파악해야 한다)으로부터 몇 가지 특징을 추출해볼 작정이다. 이런 특징이 정치적 행위라는 문제를 제기하는 데 영향을 미치는 방식을 해명하기 위해서 말이다. 이때 정치적 행위 자체는 개인들과 그들이 일부를 이루는 공동체 사이의 상호관계를 설립하는 근본적인 양식, 즉 개인들을 집단화하고 역사적 집합체의 성원들을 개인화하는 (물질적이자 상징적인) 양식으로 인식된다.

---

5) 미셸 푸코, 이재원 옮김, 『비정상인들: 콜레주드프랑스 강의, 1974~75년』, 도서출판 난장, 근간.

폭력의 명부에서 우리가 '극단적'이라고 부르는 것을 질적으로 구별하는 것은 유형론이나 법적 의미에서 죄질罪質의 정도를 규정하기 위해서가 아니다. 비록 법학, 특히 법학에서 이뤄진 [폭력에 대한] 정의의 **발전**(예컨대 법학이 강간이나 대학살을 범죄화할 경우)이 귀중한 시사점을 제공해준다 해도 그렇다. 오히려 이것은 문턱이라는 통념 자체를 문제 삼는 것인데, 무엇보다 폭력 자체가 무차별적인 비난의 대상이 될 수는 없기 때문이다. 그런 비난은 부질없는 짓이다. 결국 그런 비난은 상이한 형태를 띠는 폭력(나는 심지어 폭력의 상이한 형태가 **사회적으로 발명된다**고, 폭력에는 고유한 '창조성'이 있다고까지 말하겠다)이 인간의 경험에 속하는 동시에 역사에 속한다(폭력은 역사의 '동력' 중 하나이다)는 기본적인 인간학적 사실을 부인하거나 도덕적 장막으로 직접 은폐하게 될 뿐이다. 그렇다고 해도 폭력이 온전한 일부를 이루고 있는 이런 역사(이 역사는 폭력과 정치, 폭력과 미학, 폭력과 도덕적 경험을 분리할 수 없게 결합시킨다) 속에서 우리는 임계점(우리는 여기에 참을 수 없는 것에 관한 관념을 연결시킨다)을 표시할 필요를 느끼게 된다. 우리는 이런 임계점을 법의 한계, 정치의 가능성 자체의 한계에 관련시킨다. 따라서 우리는 폭력의 임계점을 **비인간성의 몫**이 발현된 곳으로 간주하는데, 만약 이런 비인간성의 몫이라는 것이 존재하지 않는다면 **인간성**이라는 관념 자체가 의미를 상실하게 된다.

나는 개인적이고 사회적인 존재의 '관개체적' 조건, 즉 죽음과 예속에 대한 '저항,' 삶과 죽음(또는 삶 속에 있는 죽음의 자리)의 상보성, 힘force과 강제의 사용이 지닌 목적성과 관련되어 있는 조건을 전도顚倒시키는 세 가지 유형의 경우가 갑작스럽거나 은밀하게, 가시적이거나 비가시적인 방식으로 산출될 때 이런 극단에 도달하는 경향이 있다고 믿는다.

시몬느 베이유는 호메로스의 『일리아드』에 대한 주석에서 **저항가능성의 소멸**이라는 의미에서의 폭력을 비할 나위 없이 훌륭하게 설명한 바 있다. 이 주석에서 베이유는 시인[호메로스]의 담론에 존재하는 세 가지 특징을 부각시키는데, 이 특징들이 뒤얽혀 비극적 세계관을 정초한다. 한 가지 특징은 폭력적인 죽음의 순간에 패배자를 무기력한 '사물'의 상태로 환원하는 것이다. 두 번째 특징은 전쟁 중 양쪽 편에서 번갈아 나타나는 전능함에 대한 미망으로, 이것은 행위자가 스스로 자신의 운명에서 벗어날 수 있는 기회를 앗아간다. 마지막으로 적의 고통을 자기 자신의 고통으로 느끼게 만드는 도덕적 공평함이 그것이다.[6] 다른 측면들도 잊지는 말되, 여기서 직접 우리의 관심을 끄는 것은 첫 번째 측면이다.

---

6) Simone Weil, "*L'Illiade* ou le poème de la force"(1940~41), *Oeuvres*, Paris: Gallimard, 1999, p.527ff. 주석과 원전 발췌문을 곁들여 미국에서 출간된 판본도 참조하라. Simone Weil, *Simone Weil's The Iliad or the Poem of Force*, ed. James P. Holoka, Oxford: Peter Lang, 2003.

힘이란 그것에 복종하는 사람을 사물로 만드는 것이다. 끝까지 발휘될 경우에 힘은 사람을 바로 말 그대로의 의미에서 사물로 만드는데, 왜냐하면 힘은 사람을 시체로 만들기 때문이다. …… 영웅은 먼지 자욱한 마차 뒤로 끌려가는 사물이다. …… 죽이는 힘은 힘의 거칠고 개략적인 형태이다. 그보다 훨씬 더 다양한 절차로 실행되고 훨씬 더 놀라운 효과를 발휘하는 것은 또 다른 힘, 죽이지 않는 힘, 곧 아직은 죽이지 않는 힘이다. 이 힘은 분명히 [누구/무엇을] 죽일 것이다. 또는 아마도 죽이게 될 것이다. 또는 언제든지 자신이 죽일 수 있는 존재에 대해서만 머물게 될 것이다. 아무튼 힘은 사람을 돌로 변화시킨다. 죽임으로써 사람을 돌로 바꿔버리는 권력으로부터 앞의 경우와는 또 다르게 경이로운 또 다른 권력, 곧 여전히 살아 있는 사람을 사물로 만드는 권력이 나온다. 그 사람은 살아 있고 영혼을 갖고 있다. 하지만 그런데도 불구하고 그 사람은 사물이다. 사물이 영혼을 갖는다는 것은 너무나 이상한 일이다. 영혼으로서는 너무나 이상한 상태이다. 영혼이 사물에 자신을 맞추기 위해서는 매 순간 얼마나 자신을 변형시키고 왜곡해야 하는 것인지 과연 누가 감히 말할 수 있겠는가? 영혼은 사물에 거주하기 위해 만들어진 것이 아니다. 영혼이 그렇게 하도록 강제된다면, 영혼은 끝없는 폭력의 고통을 감내해야 하리라. …… 적어도 탄원자들의 경우는 일단 그들의 탄원이 받아들여지면, 다시 다른 이들과 같은 사람이 됐다. 하지만 죽지도 않는 가운데 생애 내내 사물이 되어버리는 가장 불운한 존재들도 있다. 그들의 나날에는 어떤 놀이도 존재하지 않는다. 그들 자신의 내면에서 생겨나는 것을 위한 어떤 여지도, 어떤 빈 공간도 존재하지 않는다. 그들은 다른 이들보다 더 힘들게 살아가는 사람도, 다른 이들보다 사회적으로 더 아래쪽에서 살아가는 사람도 아니다. 그들은 다른 종류의 인간, 인간과 시체의 타협물이다. 하나의 인간 존재가 하나의 사물이 된다는 것은 논리적 관점에서 보면 모순이다. 하지만 불가능한 것이 현실이 됐을 때 모순은 영혼을 산산이 찢어놓는다. 이 사물은 매 순간 한 사람의 남성, 한 사람의 여성이 되기를 열망한다. 하지만 어떤 순간에도 그렇게 되지 못한다. 그것은 삶 내내 따라다니는 죽음이다. 죽음이 끝장내기 이전에 이미 얼어붙게 만들어버린 그런 삶인 것이다.

폭력의 극단성이 (어떤 형태를 띠든 간에) 저항의 가능성을 소멸시킨다고 말하는 것은 폭력이 그 어떤 변증법에도 기여하지 않는다고 말하는 것이다. 심지어 G. W. F. 헤겔이 '자기의식의 자율성과 의존'에 관한 유명한 논의('주인과 노예의 변증법'이라는 이름으로 더 잘 알려진 논의)에서 복종과 생명의 가능성에 대해 묘사하고, 이런 교환을 문화 발전의 기원으로 만들면서 염두에 뒀던 변증법에도 기여하지 못한다.[7]

하지만 이런 불가능성의 기저에는 **삶과 죽음 사이에 존재하는 모종의 상보성**이 소멸됐다는 사실이 존재하는데, 삶이 **죽음보다 더 나쁜** 것으로 나타날 때 바로 이런 일이 일어난다(우리는 여기서 아감벤이 '벌거벗은 생명'의 생산이라고 부른 것과 아주 근접한 어떤 것을 재발견하게 된다).

삶이 죽음보다 더 나쁘다는 사실, 그게 아니라면 죽음 자체보다 더 영위하기 어렵다는 사실은 전통적으로 고문의 경험, 따라서 고문당하는 사람이 자신에게 죽음이라는 '구원'을 내려달라고 간청하게 만드는 고통의 경험, 그런 경험의 강렬함과 '세분화'의 문턱에 기초를 두고 있다. 하지만 삶이 죽음보다 더 나쁘다는 사실은 일종의 운명이라거나 그 자체가 목적이라는 것처럼 끝없이 계속되는 폭력의 총합이나 연속성에 준거할 수도 있다. 식민지 공간과 그것을 뒤이은 공간(독립이나 자유가 아니라 '포스트식민지') 속에서 전개되는 '폭력의 현상학'을 탐구하면서 아쉴 엠벰베는 이 사실을 핵심으로 삼았다. 엠벰베는 이런 폭력의 현상학에 대해 **죽음의 증식**이라는 인상적인 정식을 제시한다. 이 정식이 뜻하는 바는 단지 식민화가 유지되는 내내 수없이 많은 '직접적'이고 '간접적인' 살해가 자행됐으며(이것은 극단적 폭력에 의해서만 가

---

7) G. W. F. 헤겔, 임석진 옮김, 『정신현상학』(1807), 한길사, 2005. 특히 4장(「자기확신의 진리」)을 참조하라.

능할 수 있었다), 이런 대량살해가 식민화 권력의 '기술'을 계승한 포스트식민 세계 속에서도 '살아남았다'는 점만이 아니다. 이 정식은 이를테면 **각각의 죽음**이 복수화되고, 지연되고, 무한히 연장된다는 것을 뜻하기도 한다. 이렇게 되면 (베이유도 말했듯이) 육체가 '고깃덩어리'로 변한 '살아 있는 죽은 자들'(우리는 한나 아렌트 사상의 중심에서 이 통념을 재발견하게 될 것이다)이 실제로 생산된다.

> [(포스트)식민지는] 사람들이 **절반의 시체**로 존재하는, 또는 이렇게 말하는 편이 더 낫다면 **절반만 살아 있는 사람**으로 존재하는 시간과 장소이다. 그곳은 생명과 죽음이 심원하게 서로 뒤섞여 있어서 양자를 구별하는 것이 더 이상 불가능하고, 과연 양쪽 중 어느 쪽에 사람이 위치하고 있는지 결정내리기가 더 이상 불가능한 장소이다. …… '식민지 이후'에 과연 사람들은 어떤 죽음을 맞이하게 될 것인가? 수많은 죽음이 존재하며, 서로 다른 죽음의 방식이 존재한다. …… 이 모든 방식은 [반역 음모에 참여한 사실을 '실토'하게 만들기 위한 고문을 당하는 수감자들의 — 발리바르] 신체에 시도될 수 있다. …… 자신이 살아남게 될지 아니면 사형을 당하게 될지 알지 못하는 일종의 비非장소에 위치해 있는 몇몇 사람들은 매 순간 언제 떨어질지 모르는 처형 명령을 기다리고 있다. …… 그리고는 단계적으로, 이를테면 15단계에 걸쳐 진행되

는 죽음이 존재한다. 요컨대 15개로 증가된 죽음인 셈이다. …… 이것은 결코 하나의 단순한 죽음일 수 없다. …… 황량한 공사장 터에서, 길모퉁이의 쓰레기 더미에서 …… 아무런 이유도 목적도 없이 계속 발생하는 대량학살 속에서 읽어낼 수 있는 또 다른 죽음이 존재한다.[8]

이런 죽음의 증식은 한편으로 '토착민'의 고유한 문화 내지 사회성을 일체 부인하는, 식민화에 의한 피지배자들의 존재 소멸이나 무화와 연결되어 있다('아랍인,' '흑인,' '아시아인'은 식별불가능한 존재이다). 다른 한편으로는 토착민을 '사냥감'으로 변모시키는 **동물성**에 대한 강박과도 연결되어 있다(이것은 조셉 콘래드가 『암흑의 핵심』에서 시사한 바 있고 프란츠 파농도 묘사했던 것, 즉 스스로 사냥꾼이 된 사냥감에 대한 영속적인 강박 들림과 결부되어 있다. 이는 곧 테러에서 결코 벗어나지 못함을 함축한다). 자크 데리다가 대량학살과 동물에 대한 인간의 잔혹성을 도발적으로 비교한 것은 정확히 말하면 저항의 불가능성과 무기력으로의 환원이라는 문제에 관해서이다(데리다가 비교한 것은 역사적 사실이라기보다는 도살자와 피해자 자신을 사로잡고 있는 환상이다).[9]

---

8) Mbembe, *De la postcolonie*, pp.197~199.
9) Jacques Derrida, "L'animal que donc je suis," *L'animal autobiographique*, éd. Marie-Louise Mallet, Paris: Galilée, 1999, pp.278~279.

그렇지만 결코 잊지 말자. 삶을 죽음보다 더 견딜 수 없는 것으로 겪을 수도 있는 가능성이 어떤 의미에서는 인간 실존의 '정상성'에 속하기도 한다는 사실, 좀 더 정확하게 말하면 규범의 중심 자체에 병리적인 것, 특히 질병이나 쇠약 같은 한계적 존재présence limite가 있음을 나타낸다는 사실을 말이다 (이로부터 노쇠하지 않기 위해 자살을 선택하는 스토아학파의 윤리적 선택, 구세주의 수난과 그 형태가 동일한 그리스도교의 고통 감내 같은 지극히 모순적인 도덕적 경험과 윤리적 선택이 생겨난다). 이 사실은 삶 자체에 필수적인 삶과 죽음의 상보성이 소멸된 또 다른 양상으로 우리를 끌고 가는데, 개인들이 **자신의 고유한 죽음에 관해** 근원적으로 **소유권을 박탈당한** 상태에 처하게 될 때가 바로 그렇다. 개인의 고유한 죽음이 진실로 개인에게 '속하지는 않지만,' 개인은 서사·제의·상상을 통해 죽음을 개인의 유사 소유물로 제공해주는 허구를 계속 만들어낸다. 그런데 이처럼 자신의 죽음에 대한 소유권을 박탈당하는 일은 (아무런 도움도 받지 못하고 아무런 증인도 없는 근본적인 고독 내지 고립된 죽음에서부터 대대적으로 처리되는 익명적이고 산업적인 죽음에 이르기까지) 문화와 단절하는 아주 상이한 양상들에 따라 일어날 수 있다.

우리는 이로써 극단적 폭력의 세 번째 현상학적 양상에 이르게 된다. 특히 아렌트는『전체주의의 기원』에서 법적 인격, 도덕적 인격, 차이화된 개인성이라는 희생자들의 인간성을 삼중으로 부정해 그들의 신체를 대량학살용으로 '처분'하면서 시작된다고 자신이 묘사한 전체주의적 '공포정치'와 이 [세 번째] 양상이 대위對位를 이룬다고 강조한 바 있다.10) 온갖 법적 장치, 기술적 합리성, 수많은 조직이 필요한 이런 학살을 꼼꼼히 준비하는 것에는 아무런 사회적 효용도 존재하지 않는다. 그도 아니라면 이런 작업의 효용은 반사회적 효용에 불과할 뿐이며, 근본적으로는 **비효용**이다. 적어도 부분적으로, 폭력은 권력과 생산의 경제 안에 그 자체의 영속적인 자리를 보증해주는 바로 그 **목적성을 초과하는 것**으로 나타난다. 수용소의 의미를 분석하면서 아렌트는 수용소를 특징짓는 산업적 형태와 관료적 합리성의 모의물simulacre 같은 외양에도 불구하고, 또는 바로 그 때문에 수용소는 (심지어 전시 경제의 틀 안에서조차) 아무런 경제적 기능도 수행하지 않으며, 오히려 나치의 경우처럼 소비에트의 경우에도 자원의 낭비라는 차원을 포함한다는 점을 보여주려고 했다. 이런 반목적성은 자기보존의 요구 때문에 완화되기는 고사하고 그런 요구 자체를 제거해버릴 수 있다. 그리하여 나치는 자신들의 패배가 가까워지자 국가방위의 손해를 감수하면서까지 점점 더 많은 힘과 자원을 **그들 자신의 작업**인 '궁극적 해결책'*에 쏟아부었다. 이런 '광기'는 수용소, 더 일반적으로는 테러가

---

10) 아렌트,『전체주의의 기원 2』, 150쪽 이하.

수용소를 설립한 이들의 상상적 전능성을 재생산하고 입증하고 정당화하는 것 이외의 다른 기능을 갖지 않았다는 사실과 연관해서 이해되어야 한다. 이 광기가 마침내 수용소를 최후의 피신처로 만들어버린 셈이다.

이런 규정에 대해서는 논란이 있을 수 있다.[11] (조르주 바타이유의 '낭비'라는 개념과 대조해보면 알 수 있듯이) 여기에는 윤리적 양가성이 있다. 하지만 이런 규정은 우리가 극단적 폭력으로 간주하는 모든 폭력의 스펙트럼으로 확장된다. 우리가 염두에 두고 있는 효용, 더 일반적으로는 목적성이 어떤 성격을 띠든 관계없이 그렇다. 노예의 의지를 꺾는 것이든, 오늘날 [쿠바에서 미국이 운영하는] 관타나모 수용소에서 볼 수 있듯이 고문, 독방 감금, 권리와 접촉 금지를 통해 정보를 얻어내는 것이든, 또는 국가가 자행하는 테러나 중동과 다른 지역에서 이런 테러에 대한 '응답'으로 감행되는 자살테러 같은 것을 통해 군사적 이익을 얻으려는 것이든 말이다. 사실 여기서 문제가 되는 것은 의지의 실행이 온전히 기

---

* Die Endlösung der Judenfrage. 1942년 1월 20일 나치 지도자 15명이 베를린 근교의 반제 호숫가에 모여 결정한 유럽 유대인들에 대한 체계적인 학살 계획.

11) 특히 전체주의 체제에 의한 노예제의 재구성 이론의 관점에서 볼 때 그렇다. 하지만 이 이론은 나치가 자신들의 전쟁수행 노력에 피해가 갈지도 모른다는 사실까지 감수하면서 악착같이 '궁극적 해결책'의 실행을 우선시한 이유를 제대로 해명하지 못하고 있다.

능적인 적이 있었는지, 의지의 실행이 그 고유의 과잉이나 행위자 자신의 의도와 통제를 넘어서는 '극단으로의 고양' 없이 진정으로 존재할 수 있는지의 여부이다. 하지만 어쨌든 간에 나는 우리가 (그것이 활용하는 수단 내지 산출하는 효과와 더불어) 극단적 폭력과 목적합리성Zweckrationalität(목적-수단 관계의 합리성)의 간극이라는 척도를 적어도 하나의 문제로서는 유지할 수 있다고 믿는다. 그리고 여전히 가설적인 방식이긴 하지만, 우리는 여기서 극단적 폭력이 자양분으로 삼고 재생산하는 **전능함의 환상**과, 극단적 폭력이 **그 희생자들을 무기력으로 환원하는 것**(극단적 폭력의 내재적 '목표'가 바로 이것이다) 사이에 상호연관성이 존재함을 파악할 수 있다.

이렇게 형성된 '원환'은 앞서 언급한 죽음의 증식 또는 **죽음의 초과** 양상뿐만 아니라 한 가지 보족적인 차원, 곧 폭력의 대상을 이루는 희생자들이 폭력에 감염되는 차원도 포함하고 있다(아마도 이것이야말로 고유한 의미에서 '비극적' 차원이라고 할 수 있을 텐데, 이 점에 대해서는 뒤에서 다시 다루겠다). 특히 우리 시대에 이 질문은 나치 수용소와 관련해 제기됐으며, 당혹감과 더불어 논쟁을 야기한 바 있다. 프리모 레비가 말하듯이,[12] 진실 말하기의 필요성이 도살자와 희생자

---

12) Primo Levi, *I sommersi e i salvati*, Torino: Einaudi, 1986, pp.24~52.
   [이하 이 텍스트에서 인용된 부분의 번역은 발리바르의 것을 따랐다.]

의 구별을 말소하는(그리고 위반의 미학에서 영감을 받아 이
뤄진 몇몇 악용에서 볼 수 있듯이, 테러의 목표 중 하나를 사후
에 실현하면서 도살자와 희생자의 위치나 가치를 뒤바꾸게 되
는) 불명예에 빠질 위험이 매 순간 존재하는 '회색지대'에서
는 달리 어쩔 도리가 없다. 생존자들과 그 후손들을 사로잡
고 있는 학살 희생자들의 '수동성'에 관한 논쟁 일체(이에는
유대인 학살도 포함된다)는 바로 이런 시각에서 다시 이해되
어야 한다. 폭력에 대한 저항, 따라서 '대응'(또는 '비례적인'
대응, 곧 궁극적으로는 정치적 대응)의 불가능성이라는 척도
는 서로 구별되는 온갖 양상을 포함하고 있다. 이런 양상에
는 아마도 가장 기본적인 양상이라고 할 만한 '침묵'이 있겠
지만,[13) 무기력과 전능함에 대한 미망이라는 양극단에 위치
한(사실은 이 미망을 배가한다고 할 수 있는) 이른바 '자살적'
인 대항폭력도 존재한다. 또한 상호무기력도 포함될 수 있는
데, 이것은 일정한 역사적 정세 속에서 '투쟁 중인 계급들의
공멸,' 따라서 정치적인 것 자체의 소멸을 환기시키는『공산
당 선언』의 저 유명한 말에 비견될 만한 외견상의 역설을 지

13) Nathan Wachtel, *La vision des vaincus: Les Indiens du Pérou devant la conquête espagnole,* Paris: Gallimard, 1971; Gayatri Chakravorty Spivak, "Can the Subaltern Speak?" *Marxism and the Interpretation of Culture*, eds. Cary Nelson and Lawrence Grossberg, Chicago: Univer -sity of Illinois Press, 1988. [태혜숙 옮김, 「하위주체가 말할 수 있는 가?: 다원주의의 문제들」,『세계사상』(통권4호/봄), 동문선, 1998.]

닌 통념이다. 하지만 도살자들, 일반적으로는 '지배자'가 죽이거나 고문하겠다고 위협해 희생자들이나 그 중 일부를 (경우에 따라서는 **열성적인**) 도구로 만들어 그들 자신의 친지를 소멸시키거나 예속시키고, 그들 스스로 친지에게 비열한 짓을 하게 만들 때 이런 통념은 절정에 이른다.

여기서 레비가 아우슈비츠에 존재한 특수부대*의 기능을 묘사한 내용, 이와 더불어 클로드 란츠만이 자신의 영화『쇼아』에서 텔아비브의 어느 늙은 이발사로 하여금 그 스스로 자기 자신의 부인과 딸을 가스실에 들여보낼 준비를 시켰던 순간을 되살려보게 만드는 대목을 상기해보기로 하자('진리의 사디즘'이라는 형태를 피하지 못한 이런 시도는 많은 논란을 야기한 바 있다).[14] 레비는 다음과 같이 썼다.

특수부대의 창설과 조직은 나치즘이 저지른 가장 악마적인 범죄였다. 실용적 측면(건장한 인력을 절약하고 가장 끔찍한

---

* Sonderkommandos. 나치 수용소에서 나치를 대신해 자기의 동료나 친지를 가스실로 인도하고, 죽은 시체들을 처리하는 일 등을 맡은 유대인 수감자들을 가리키는 명칭.

14) 이 영화에 쓰인 텍스트는 단행본으로도 출간됐다. *Shoah*, préface de Simone de Beauvoir, Paris: Fayard, 1985. 란츠만이 이발사 봄바 (Abraham Bomba)에게 던진 질문에 관해서는 다음의 글을 참조하라. Dominick LaCapra, "Lanzmann's *Shoah*: 'Here There Is No Why'," *History and Memory after Auschwitz*, Ithaca, NY: Cornell University Press, 1998, p.123.

일을 다른 사람들에게 떠넘기기) 배후에서 좀 더 미묘한 다른 측면이 드러낸다. 이 제도는 타자, 정확히 말하면 희생자 자신에게 잘못의 부담을 전가해 희생자가 자신의 결백에 대한 믿음을 상실하게 만들 수 있다. 이런 사악함의 깊이를 재보는 것은 쉬운 일도 아니고 즐거운 일도 아니다. 그렇지만 내 생각에는 [우리 스스로] 그 깊이를 재봐야만 한다. 왜냐하면 어제 일어날 수 있었던 범행은 내일 또 다시 시도될 수 있기 때문이다. …… 특수부대의 존재는 분명 어떤 의미를 지니고 있었고 뭔가 메시지를 전하고 있다. "우리 주인 종족은 너희를 파괴하는 이들이지만, 너희는 우리보다 더 나을 게 없다. 만약 우리가 원한다면, 그리고 정확히 우리는 원하는데, 우리는 너희의 몸뿐만 아니라 너희의 영혼까지도 파괴할 수 있다. 우리가 우리 자신의 영혼을 파괴했던 것처럼."[15]

그러고 나서 레비는 [자신이 몸소 겪은 바 있는] 일화 중 하나를 증거로 제시하는데, 수용소 안에서 나치 친위대 팀과 특수부대 팀(이들 역시 주기적인 대체의 시기가 닥쳐오면 가스실에서 제거될 예정이었다) 사이에 벌어진 축구시합이 바로 그것이다. 레비는 "강요된 공모의 추잡한 연계"를 예시해주는 이 일화를 이렇게 상징적으로 해석한다.

---

15) Levi, *I sommersi e i salvati*, p.39.

다른 수인들과는 그런 시합이 결코 이뤄진 적이 없었고, 그런 건 생각조차 할 수 없는 일이었다. 하지만 친위대는 '화장터의 까마귀들'과는 이를테면 대등한 위치에서 경쟁할 수 있었다. 이 휴전의 배후에서 사탄의 웃음소리가 들려온다. 모든 것이 완벽하구나. 우리는 목표를 이뤘다. 너희는 더 이상 다른 인종, 반反-인종, 천년제국의 제1주적이 아니다. 너희는 더 이상 우상을 파괴하는 민족이 아니다. 우리는 너희를 포용했고, 타락시켰고, 우리와 함께 밑바닥 끝까지 끌고 내려왔다. 너희도 우리처럼, 카인처럼 네 형제를 살해했다. 그러니 오너라. 우리는 함께 즐길 수 있다.[16)]

지그문트 바우만 역시 극한에 도달한 극단적 폭력의 이 본질적 측면이, 절멸을 근대성의 완성으로 만드는 모종의 합리적 관점에서 나왔다고 본다.

나치친위대의 행정체계는 (희생자들을 포함해) 자기 자신이 통제하는 모든 것을 명령의 연쇄에, 일체의 도덕적 판단에서 벗어난 엄격한 규율 원칙에 종속된 이 연쇄에 통합된 일부로 전환시켜버렸다. 대학살은 복합적인 체계였다. 라울 힐베르크가 고찰한 바 있듯이 대학살에는 독일인들이 수행한

16) Levi, *I sommersi e i salvati*, pp.40~41.

작업과 더불어 (독일인들의 명령을 받기도 했지만 때로는 자
포자기의 심정에 따라 열성적으로 일하기도 한) 유대인 희생
자들이 수행한 작업이 포함되어 있다. 바로 이것이 무작위
적인 살육이나 학살에 비해 합리적으로 기획되고 조직된 대
대적 범죄의 기술적 우월성이다. 학살의 희생자들이 자신의
학살자들에게 협력한다는 것은 생각조차 할 수 없는 일이리
라. 그렇지만 희생자들의 협력은 나치친위대 관료조직이 수
립한 계획의 일부였으며, 심지어 그 계획이 성공하는 데 본
질적으로 필요한 조건이었다. …… 바로 이 때문에 게토 전
체가 살인기계의 연장이 되도록 게토를 바꿔놓기 위해, 희생
자들이 아무런 통제력도 지니지 못하는 게토를 설립한다는
외적 조건이 고안됐을 뿐만 아니라, 이런 연장에 속한 '부품
들'의 추론능력까지도 관료체계가 설정한 목표를 중심으로
실행하고 이에 협력하는 데 맞춰져 있었다.[17]

이처럼 극단적 폭력을 겪어봤는데도 불구하고, 우리는 과
연 인간들이 서로에게 맞서는 상이한 여러 '길'을 대표하는
이 상호보충적인 극한에 우리가 실제로 도달한 것인지 질문
해볼 수 있을 것이다. 이런 질문은 정치의 가능성 자체를 위

---

17) Zygmunt Bauman, *Modernity and the Holocaust*, Ithaca, NY: Cornell
    University Press, 1989, pp.22~23.

해 결정적인 질문이다. 지배와 폭력의 관계가 치유할 수 없을 만큼 각인된 세계와 역사 속에서 정치의 가능성은 본질적으로 저항의 실천과 연계되어 있다. 그러나 이때의 저항은 단지 기성 질서에 대한 반대와 정의의 옹호 같은 부정적 의미의 저항일 뿐만 아니라, 능동적 주체성과 집합적 연대가 형성되는 '장소'라는 적극적 의미의 저항이기도 하다. 좀 더 정확하게 말한다면 극단적 폭력의 고유성은 이런 가능성을 소멸시키는 경향, 곧 개인과 집단을 완전히 **무기력한 상태**로 환원시키는 경향인데, 서로 상이한 형태를 띠는 폭력만이 아니라 자살적인 대항폭력 역시 극단적 폭력의 일부를 이루고 있다. 이런 질문은 끊임없이 몇몇 철학자들, 무엇보다도 베네딕투스 데 스피노자의 관심사가 된 바 있다. 스피노자는 자기보존을 지속하려는 개인의 능력에 절대군주제가 미치는 영향과 관련해 극단적 폭력의 문제를 소묘한 적이 있긴 해도, 극단적 폭력이 절대적으로 지배할 수 있는 가능성을 비판했다.[18] 스피노자가 우리에게 제안하는 폭력의 현상학은(특히 질 들뢰즈가 강조했듯이) 개인이 생존해 있는 한 개인성은 **억압불가능한 최소**incompressible minimum를 포함하고 있다는 생각에 의거해 있

---

18) 질 들뢰즈, 이진경·권순모 옮김, 『스피노자와 표현의 문제』, 인간사랑, 2003, 274~276, 300~303쪽. 나는 다음의 논문에서 이미 이 문제를 다룬 바 있다. 에티엔 발리바르, 진태원 옮김, 「스피노자, 반(反)오웰: 대중들의 공포」, 『스피노자와 정치』, 이제이북스, 2005.

다. 일종의 [자기]희생 의지이기도 한 '자발적 예속'의 의식적 형태, 특히 무의식적인 형태로도 극단적 폭력은 살아가고 생각하려는 개인들의 노력을 결코 소멸시키거나 되돌릴 수 없다는 것이다. 이런 생각은 극단적 폭력이 '부정적인 것의 위력'에 의해 윤리적·법적·정치적 진보로 '전환될' 수 있다고 보는 (궁극적으로는 그리스도교적 관념에서 유래하는) 헤겔의 각과는 완전히 다르다. 스피노자의 생각은 개인성 자체의 **관개체적** 성격이라는 테제, 곧 폭력에 저항할 수 있는 개인들의 능력을 이루는 것, 단적으로 말하면 개인의 '존재'를 구성하는 것은 개인이 항상 이미 다른 개인들(이들은 "개인 자신의 일부를 이루고" 있으며, 개인 자신 역시 다른 개인들이라는 존재의 "일부를 이룬다")과 맺고 있는 관계의 총화라는 관념에 의거하고 있기 때문에 더욱더 흥미롭다.[19] 살아가는 힘을 표

---

19) 방금 언급한 [스피노자의] 이 테제는 강제수용소의 세계를 겪어낸 위대한 증인들이 문자 그대로 제기한 문제와 연결되는데, 이들은 인간성이 파괴되고 개인이 '사물'의 지위로 환원되어버리는 극한의 지점을 소통과 공유능력이 와해되는 계기와 동일시한다(하지만 이 테제는 이런 극한의 지점이 거의 무한정하게 후퇴할 수 있으며, 따라서 '살아있는 죽은 자'의 경험은 인간 안에 있는 인간적인 것의 저항능력에 대한 경험이라는 점을 보여주기 위해서 제기된 것이기도 하다).

　로베르 앙텔므의 증언을 보도록 하자. "우리는 아직 죽음에 익숙하지 않았다. 어쨌든 이곳의 죽음에는 그랬다. 그의 침묵도 그랬다. 우리는 여전히 어떤 구원이 가능할 것이라고, '그와 같은 식으로' 죽지는 않을 것이라고 생각했으며, 마침내 죽음이라는 문제가 닥쳤을 때 권리가 효력을 얻게 할 수 있을 것이라고, 특히 동료가 죽어갈 때

'아무것도 하지 못한 채' 그저 바라보고만 있지는 않을 것이라고 생각했다. [중략] 행렬은 계속 됐다. 다리는 하나씩 앞으로 나아갔지만, 나는 두 다리가 계속 견뎌낼 수 있을지 몰랐다. 나는 다리 쪽에 장애가 생기게 될지 아직 느끼지 못했다. 만약 장애가 일어난다면 아마도 나는 동료의 팔에 의지할 수 있을 것이다. 하지만 내가 기력을 회복하지 못하면 동료는 더 이상 나를 부축할 수 없을 것이다. 나는 동료에게 '나는 더 이상 못 걷겠어'라고 말할 것이다. 그 동료는 내가 걷게 하려고 할 것이며, 나를 위해 힘겨운 노력을 기울일 것이다. 그 동료는 자기 몸을 가누지 못하는 사람을 위해 할 수 있는 모든 일을 다 할 것이다. 나는 두 차례, 세 차례 반복해서 '더 못 걷겠어'라고 말할 것이다. 나는 이제 또 다른 모습, 누군가가 더 이상 아무것도 하려 하지 않을 때 갖게 되는 모습을 지닐 것이다. 동료는 더 이상 나를 위해 해줄 것이 없고 나는 쓰러질 것이다. [중략] 늙은 얼간이 취급을 받던 아버지는 아들 앞에 섰다. 배를 곯은 아버지는 아들을 먹이기 위해 서라면 아들 앞에서 기꺼이 도둑질이라도 하려고 했다. 아버지와 아들의 몸에는 이가 잔뜩 달라붙어 있었다. 두 사람 모두 나이를 알 수 없을 지경이었고 서로 비슷하게 보였다. 두 사람은 모두 굶주려 있었으며, 서로 사랑스러운 눈길로 쳐다보면서 서로 빵을 건넸다. 그리고 이제 두 사람은 모두 여기 기차 바닥에 있었다. 만약 이 두 사람이 모두 죽는다면, 누가 이 두 죽음의 무게를 짊어질 것인가 …… 친위대는 그들이 선택한 인류의 일부 가운데서 사랑은 썩어 없어지게 될 것이라고 믿었다. 왜냐하면 그것은 진짜 인간들 사이의 사랑을 흉내 내는 원숭이의 행동에 불과하며, 실제로는 사랑의 침묵이 존재할 수 없을 테니. 하지만 이 기차 바닥 위에서 믿을 수 없을 만큼 어리석은 이 신화의 모습이 명백히 나타났다. 우리에게는 저 스페인 노인이 그의 평범한 모습 그대로 보였지만, 그 아들에게는 그렇지 않은 것 같았다. …… 아들에게 아버지의 언어와 평범함은 그가 이전에 온전히 '지고한' 존재였던 때 그랬던 만큼이나 여전히 헤아릴 수 없는 깊이를 지닌 채 남아 있는 것이다." Robert Antelme, *L'espèce humaine*, Paris: Gallimard, 1957, pp.22, 224, 274~275.

바를람 샬라모프의 증언도 보자. "세리오자 클리반스키가 죽었다. 클리반스키는 대학교 신입생 때 만난 친구로, 우리는 20년 뒤 부티카 감옥의 이송 죄수용 감방에서 다시 만났다. …… 클리반스키는 시

시하는 저항의 능력을 필두로 해 말하기의 능력, '권리'를 요
구하는 능력, 그리고 자신의 이익이나 인류의 해방을 위해 투
쟁하는 능력이 도래한다. 더 멀리 밀고 나가면 이런 능력은
언제나 잔혹의 체계가 '이상적'으로 겨냥하는 대상이 되기도
하는데, 바로 이 점이야말로 이 능력이 근본적인 인간학적·
정치적 문제를 제기한다는 것을 잘 보여준다.* 감히 말하건
대 이 문제는 '정치의 인간학'anthropologie de la politique의 가능성
자체가 달려 있는 문제이다.

를 좋아했고, 감옥 안에서 우리에게 자주 시를 암송해줬다. 수용소에
서 클리반스키는 더 이상 시를 암송하지 않았다. 클리반스키는 마지
막 남은 자신의 빵을 나눠줬다. 아니 좀 더 정확하게 말하면 아직까지
는 나눠줄 수 있었다. …… 왜냐하면 클리반스키는 [모두에게] 아무런
빵조각도 남아 있지 않아서 [다들] 누구와도 더 이상 나눌 수 없게 됐
을 때까지 살아남지 못했기 때문이다. [중략] 우리는 갑자기 빵 배급
이 우리에게 충분하지 못하다는 것을 느꼈다. 그래서인지 참을 수 없
는 식욕이 우리를 괴롭혔다. …… 무엇인가를 구입한다는 것은 가능
하지도 않았고 동료에게 빵 한 조각을 부탁하는 것도 가능하지 않았
다. …… 갑자기 그 누구도 더 이상 다른 누군가와 아무것도 나누지
않게 됐고, 각자는 은밀히 숨어서 허겁지겁 빵을 갉아먹었으며, 어둠
속에서 자기 주머니를 샅샅이 뒤져 빵 부스러기라도 찾아보려고 애썼
다. 모든 수감자에게는 조금의 여가라도 생기면 빵 부스러기를 찾는
것이 자동적인 일과가 됐다. 하지만 자유의 순간은 점점 더 드물게 됐
다." Varlam Chalamov, *Récits de Kolyma*, trad. Olivier Simon et Katia
Kérel, Paris: Denoël, 1969, pp.16, 89.
* 여기서 시사되고 있는 잔혹과 이상성의 관계에 대해서는 다음을 참조
하라. 에티엔 발리바르, 서관모·최원 옮김, 「폭력: 이상성과 잔혹」, 『대
중들의 공포: 맑스 전과 후의 정치와 철학』, 도서출판b, 2007.

2. 극단적 폭력의 인간학

현대 철학의 일각에서는 전적으로 윤리와 정치의 접합을 통해 **악**의 문제를 다시 제기함으로써 이 문제에 답변하려고 했다. 스피노자에게 **억압불가능한 최소**라는 관념(정확히 말하면 스피노자는 관계와 갈등, 능동성과 수동성이 맺는 관계의 총화인 개체성의 일반적인 조건에서 정치의 가능성이 '연역'될 수 있는 이론의 장을 가리키기 위해 '윤리학'이라는 전통적인 명칭을 사용한다), 따라서 폭력에 대한 개인의 저항능력이라는 관념(특히 **사람이 생각하는 것을 막을 수 없다**는 관념)은 우리가 문제화하지 않을 수 없는 테제, 즉 이미 확립된 것으로 받아들일 수 없고 그 전제를 토론 대상으로 삼아야 하는 두 개의 테제와 긴밀히 결부되어 있다. 한 테제는 계약론의 지배적인 흐름(특히 토머스 홉스)에 반대해 제도의 역사와 정치에 대립될 수 있는 **자연이란 존재하지 않는다**고, 더 일반적으로 정치 **이전**以前이란 존재하지 않는다고 주장한다. 따라서 사회의 형태와 정체政體의 차이의 경우, 그것들 안에서 실행되는 상이한 세력의 경제 이외에 또 다른 '토대'는 존재하지 않는다. 다른 테제는 '악'이라는 통념이 **상상적인** 것이라고 주장한다. 악이란 "자신들의 욕망은 의식하되 그 욕망을 규정하는 원인에는 무지한"(『윤리학』 1부 부록) 개인들이 각자의 이해관계와 보존을 방해하는, 따라서 각자를 '파괴'하는 힘을 스스로 표상하는 방식의 상관물일 뿐이라는 것이다. 결국 죽음이야말로 탁월한 '악'인데, 왜냐하면 죽음은 자신의 동류同類와 관계된 개인의 완전한 고립에 상응하기 때문이다. 우리는 타인을 죽게 하고 그의 죽음을 수용할 수도 있지만, 우리 각자는 항상 ('자기 스스로' 죽는 것은 아닐지 몰라도) 혼자서 죽는다. 비록 우리가 이 두 번째 테제를 문자 그대로 유지할 수는 없을지 몰라도, 이 테제는 극단적 폭력의 현상학이 돌발하게 만드는 [인간적인 것의] 한계와 인접한 윤리적 문제를 제기한다는 크나큰 장점을 지니고 있다.

하지만 '악'에 준거하는 것을 전혀 다른 방식으로 비판할 수도 있다. 알랭 바디우는 『윤리학』이라는 소책자에서 이런 비판을 강력히 재개한 바 있다. 비록 스피노자에 준거하지만 오히려 바디우의 지향은 플라톤적이다. 엠마뉘엘 레비나스를 참조하면서도 정치(더 일반적으로는 인간의 행위)가 피해야 하고 불가능하게 만들어야 할 무엇인가를 악으로 규정하고 비난하는 움직임에 맞서 '인간의 권리'와 '생명체의 권리'를 철학적으로 옹호하는 더 광범위한 흐름을 염두에 둔 채[20]

20) "'인권'이란 악이 아닌 것에 대한 권리이다. 곧 생명과 관련해(살해와 처형의 공포), 몸과 관련해(고문·가혹행위·기아의 공포), 문화적 정체성과 관련해(여자와 소수자 등에 대한 모욕의 공포) 공격받지 않고 학대받지 않을 권리이다. 이런 교의의 힘은 우선 첫째로 그 자명성에 있다. 실제로 사람들은 고통이 존재한다는 것을 경험을 통해서 알고 있다. 이미 18세기의 이론가들은 생명체의 고통에 대한 동일시로서의

바디우는 절반은 논증적이고 절반은 공리적인 방식에 입각해 이렇게 주장한다. 윤리와 정치(따라서 양자의 절합)는 부정적인 방식으로 악에 준거하기를 우선시할 것이 아니라, 플라톤에서 토마스 아퀴나스에 이르는 전통을 따라 긍정적으로 선에 준거해야 한다고 말이다(비록 기술적으로는 선에 대해 상이한, 심지어 반정립적인 정의를 제시하고 있긴 하지만 바디우는 선을 **진리**와 동일시한다).[21] 이런 비판은 스피노자 철

연민을 타인과의 관계에서 주요 동력으로 간주했다. 또한 전제 정치에 관한 그리스의 이론가들은 이미 정치 지도자들이 불신받는 주된 이유가 그들의 부패·무관심·잔인성에 있다는 점에 주목한 바 있다. 교회들은 무엇이 선인가보다는 무엇이 악인가에 대해 합의하는 것이 훨씬 쉽다는 것을 이미 경험한 바 있다. 교회들로서는 무엇을 해야 하는지 확실히 해두는 것보다는 무엇을 하지 말아야 하는지 지적하고 그런 금지에 만족하는 것이 언제나 훨씬 더 쉬웠던 것이다. 더욱이 정치라는 이름에 걸맞은 모든 정치는 사람들이 자신의 삶과 권리에 대해 지니고 있는 표상들[바디우가 다른 곳에서 '여론'이라고 부르는 것 — 발리바르]에서 그 출발점을 찾는다는 것은 분명하다. 따라서 전 지구적 합의를 공고히 하고 이런 합의를 강제할 수 있는 힘을 갖춘 명증성의 체계가 여기 있다고 할 수도 있다. 하지만 전혀 그렇지 않다고 주장해야만 한다. 이런 '윤리'는 비일관적이며, 완벽히 가시적인 현실은 이기주의의 분출이자 해방의 정치의 소멸 내지 극단적인 취약함, '민족적' 폭력의 증가, 야만적 경쟁의 보편성이라고 주장해야만 한다." 알랭 바디우, 이종영 옮김, 『윤리학: 악에 대한 의식에 관한 에세이』, 동문선, 2001. 16~17쪽.

21) 자신의 철학을 '다자의 플라톤주의'(platonisme du multiple)라고 말하는 바디우에게 (처음에는 비판 철학에 의해, 그 다음에는 '의심의 철학,' 마지막으로는 비철학이기를 원하는 포스트하이데거적인 해체 철학에 의해 부당하게 대우받은) 진리와 선의 고전적인 상호전환성은 **일자**

학의 몇 가지 주제를 떠올리게 만드는 두 개의 축을 따라 전
개된다. 한편으로 악(또는 '근본'악)의 이념을 우위에 두는 윤
리적 입장은 **죽음**에 대한 강박과 분리불가능하며, 따라서 그
런 [윤리적] 입장이 죽음충동의 발현과 투쟁을 벌이는 바로
그 순간에 죽음충동에 대해 이뤄지는 '허무주의적' 굴복과 분
리불가능하다.[22] 다른 한편으로 악은 비인간의 원형적인 형
상에 동화됨으로써 인류의 '적'을 만들어낼 수 있는 유추의
힘(필요한 경우에는 이런 유추를 조작하기까지 하는 힘)에 기

라는 관념을 **다자**라는 관념으로 대체한 위에서 다시 사유되어야 하
는 것이다. 따라서 이 전환성은 영원성이나 초월의 관념이 아니라 사
건(이것의 기본적인 특징은 '희귀성'이다)과 내재성이라는 관념과 결
부되어 있다. 하지만 여전히 이 전환성은 '삶'의 세계[현세]에 대한
비판과 결부된 채 머물러 있으며, 기성의 지식과 이런 지식이 정초하
는 제도적 질서와 단절할 수 있는(또는 이 제도적 질서를 '강압'할 수
있는) 역량을 통해 표현되는 '진리'에 대한 믿음 내지 충실성이 제공
하는 불멸성에 대한 신앙(또는 믿음, 충실성)과 결부된 채 머물러 있
다(단, 여기서 진리에 대한 믿음이나 충실성은 진리로 하여금 질서에
봉사하게 만드는 '배신,' 국가사회주의자들의 '혁명'처럼 보편자가 아니
라 특수성에서 출발해 사건을 창조하는 '시뮬라크르'를 경계한다는 것
을 그 조건으로 삼는다. 진리로서의 선이라는 정의에 기초를 둔 윤리적
믿음이 '전투적' 성격을 띠는 것은 바로 이 때문이다).

22) 바디우, 『윤리학』, 45쪽 이하(「죽음에 대한 '서양적' 제어술로서의 윤리
학」). 바디우의 관점에서 볼 때 죽음에 대한 강박은 기본적으로 삶에
대한 강박과 분리될 수 없다는 점에 주목해야 한다. 이 두 가지 강박
은 바디우가 '동물성'이라고 부르는 것에 대한 동일한 표상의 두 얼
굴이다. 그러므로 여기서 문제가 되는 죽음은 상이한 **양상**에 따라 진
정으로 분석되지 않으며(이런 분석에서는 현상학을 구성하는 일이 중
요하다), '사멸성' 일반의 동의어가 된다.

초를 둔 추상적 일반성이다(이로부터 새로운 악의 구현물, 특히 이슬람을 식별하기 위해 아돌프 히틀러라는 이름을 활용하고 쇼아에 준거하는 일이 생겨나는 것이다).[23]

적어도 내가 보기에 이런 담론의 약점은 다음과 같다. 이런 담론은 선과 악이라는 형이상학적 쌍의 내부에서(악의 윤리보다 선의 윤리가 우월하다고 선언하는 식으로) 하나의 항을 다른 항으로 **전도**시키거나(그러나 돌이켜보건대 스피노자

---

23) 바디우, 『윤리학』, 77쪽 이하(「악의 존재에 대하여」). 바디우는 '쇼아의 유일성'에 관한 담론과 **동시에** 그것의 무한정한 반복에 관한 담론까지 비판한다. 양자는 동일한 부정적 의견의 두 측면이며, 두 담론이 양립할 수 없다는 것은 외양에 불과하다는 것이다. "사실 이것은 근본악(그리고 사실은 어떤 현실이나 개념을 '초월화'하는 것 일체)의 역설 자체이다. 척도를 제공하는 것은 측정될 수 없어야 하지만, 또한 부단히 측정되어야 하는 것이다. 말살이란 바로 자신은 측정될 수 없는 것이면서도 우리 시대에 가능한 모든 악에 척도를 제공하는 것이며, 악의 자명성에 따라 판단해야 하는 모든 것을 그것과 비교하면서 부단히 측정하는 일이기도 하다. 극단적으로 부정적인 사례로서의 그 범죄[쇼아]는 모방될 수 없는 것인 동시에 모든 범죄가 그것에 대한 모방이기도 한 것이다."(그 자체가 극단적으로 폭력적이고 무질서한 것일 수 있는) 공동체나 사회질서를 동원하기 위해 적의 형상을 구성하는 데 절대적인 악의 원형, 또는 더 정확히 말하면 절대적인 악의 **이름**(그리고 '악'이라는 이름 자체)을 활용하는 문제는 명백히 근본적인 인간학적 문제이며, 구체적이고 국지적인 방식으로도 연구될 수 있다. 가령 대중의 위법행위에 대해 공공 경찰과 사설 치안대가 극단적 폭력으로 맞서고 있는 브라질의 대도시(상파울루)에서 가난한 이들이 범죄화·악마화되는 방식을 연구한 다음의 책을 참조하라. Teresa Caldeira, *City of Walls: Crime, Segregation, and Citizenship in São Paulo*, Berkeley: University of California Press, 2000.

는 선과 악이라는 두 개의 통념을 동의어로까지는 아닐지언정 엄밀하게 분리불가능한 것으로 간주한 바 있다), 심지어 **전도의 전도**를 실행한다(임마누엘 칸트 이전과 이후에 지고선至高善의 이념이 파괴됨에 따라 근본악의 윤리학이 불가피하게 생겨나게 됐다는 점을 인정한다면, 그리고 지고선의 이념을 재확립하는 것이 아니라 그 이념으로부터 진정한 보편성의 원칙, 곧 진리의 불멸성이라는 원칙을 도출해내는 것이 중요한 일이라는 점을 인정한다면 말이다). 그렇기 때문에 이런 담론은 선의 부정태로서 연역해낸 상이한 형태의 악이 가하는 위협에 말 그대로 강박 들려 있다는 것이 드러난다. 악의 형태들 가운데는 우선 '시뮬라크르'가 존재한다. 시뮬라크르는 진리의 사건적 성격은 물론, 기성 질서를 파괴할 수 있는 진리의 역량(이로부터 주체적 충실성이 산출된다)까지 모방하기 때문에 형식상으로는 진리와 식별불가능하다('반혁명적 혁명'으로서의 나치즘은 다시 한 번 이런 '재난'의 탁월한 사례이다). 하지만 미망의 가능성이 속하는 조건인 의견[여론]의 일반적 지배 역시 '이기주의,' '돈의 힘'(또는 시장의 힘), '소비주의' 같은 부정적 일반성에 기초를 두고 있는 또 다른 형태의 악이다. 따라서 선의 윤리학이라는 관념은 '희귀한' 예외(정초하는 사건의 희귀성, 배반 없는 충실성의 희귀성 등)를 제외한다면 인간들이 악의 세계에서, 또는 적어도 선의 도착倒錯과 선에 대한 무지 속에서 살아가고 있다는 관념과 구별될 수 없음이 드러난다. 이렇게 되면 우리는 다시 출발점에, 곧 부정태의 형상들 사이의 **구별불가능성**이라는 지점에 놓이게 된다. 그런데 내가 보기에는 스피노자가, 그리고 [스피노자와의] 반대 방향에서는 극단적 폭력에 관한 동시대의 현상학이 제기하는 질문과 대면하기 위해서는 정확히 이 지점에서 벗어나야 할 것 같다. 집합적인 정치적 능력의 한계(또는 정치의 '비정치'impolitique 24))라는 질문과 대면하기 위해서는 말이다.

(특히 자유의 도착에 관한 칸트적이고 포스트칸트적인 이론화나 허무주의에 관한 프리드리히 니체의 이론화가 남긴 흔적속에서 절대악이라는 통념의 의미를 다시 생각해보도록 강제되긴 했지만) 사실 폭력의 극단성에 관한 동시대의 성찰은 대부분 '절대'악이라는 형이상학적이거나 무차별적인 통념을 중심으로 조직되어온 것이 아니라 특별히 근대적인 문제, 곧하나의 동일한 본질적 **생산성**의 상호연관된 측면으로서 '정치적인 것의 파괴'와 '인간적인 것의 파괴'가 맺는 관계라는 문제를 통해 조직되어왔다.

---

24) 부분적으로는 토마스 만의 유명한 글 「어느 비정치적 인간의 고찰」 ("Betrachtungen eines Unpolitischen," 1918)에서 유래한 '비정치'라는 용어는 에스포지토가 일련의 저작을 통해 이론화한 바 있다. Roberto Esposito, *Categorie dell'impolitico*, Bologna: Il Mulino, 1988; *Nove pensieri sulla politica*, Bologna: Il Mulino, 1993. 특히 이 책의 8장 전체는 **적의 흔적의 말소**라는 현상에서부터 출발해 정의된 정치적 범주로서의 '악'이라는 질문을 다루고 있다.

여기서 '정치적인 것의 파괴'에 대해 말해야 할까? 그게 아니라면 오히려 '정치의 포획'에 대해 말해야 하는 걸까? 나는 이 질문을 탐구하기 위해 다른 곳에서[25] 행위의 파괴가 지닌 두 가지 양상의 교차에 기초를 둔 어떤 '구조'의 두 가지 축을 따라 추론해볼 것을 제안한 바 있다. 하나는 내가 '초객체적'ultra-objective 폭력이라고 부른 축으로, 이 폭력은 인간 존재자들을 상품의 세계 속에서 마음대로 제거될 수 있고 도구화될 수 있는 사물의 지위로 환원한다. 다른 하나는 내가 '초주체적'ultra-subjective 폭력이라고 부른 축으로, 이 폭력은 '악'의 세력을 일소한다는 기획의 집행자, 즉 주권적 권력의 광기에 개인과 공동체를 제물로 바친다. 내 생각에 여기서 문제가 되는 것은 설명적 기능을 지닌 '원인들'의 구조가 아니라, 관찰 가능하지만 그 원인(대개 중요하고 궁극적인 원인)은 '부재하는' 효과들의 구조이다. 따라서 이런 구조는 그 본질적인 이질성을 축소함으로써 극단적 폭력의 역사적 형태들을 합리적으로 분류하고 설명하는 데 사용되는 것이 아니다. 오히려 담론과 은유의 극한으로부터, 즉 적수 자체의 형상을 파괴하거나 절대화해 척도가 몰척도démesure로, 동질성이 이질성으로(바타이유[26]), 관계(여기에는 '세력관계'도 포함된다)가 **비관**

---

25) Étienne Balibar, *Violence et civilité: Wellek Library Lectures et autres essais de philosophie politique*, Paris: Galilée, 2010. 특히 1부 참조.

계로 전환되는 우리 경험의 임계점으로부터 동시에 다각도로 접근함으로써 그 형태들[극단적 폭력의 역사적 형태들]의 과잉결정을 해석하는 데 사용된다.[27]

극단적 폭력, 그리고 (투쟁 또는 아곤[우호적 경쟁]agôn의 가능성 자체를 필두로) 정치를 가능케 하는 조건의 파괴라는 그 고유한 효과를 설명하려다 보면 가장 어려운 인간학적 질문들이 제기된다. 내가 보기에 이 설명은 '인간의 종말/목적fins'에 관한 '종말론적'이거나 묵시록적인 사유로부터 (적어도 상대적으로) 역사와 역사성에 대한 사유를 분리해낼 수 있는 가능성과 긴밀하게 결부되어 있다. 왜냐하면 문제가 되는 것은 인간화의 형식과 제도 자체에 **인간에 의한**(곧 사회·문화에 의한) **인간적인 것의 생산**과 **인간에 의한 인간적인 것의 파괴**가 공존한다는 점, 극한적으로는 서로 식별하기가 불가능하다는 점이기 때문이다(과학적으로 계획되고 산업화된 대량학살이 이 사실을 잘 보여주는데 '증오의 가르침' 역시 마찬가지이다). 우

---

26) Georges Bataille, "La structure psychologique du fascisme," *Oeuvres complètes*, tome 1, éd. Denis Hollier, préface de Michel Foucault, Paris: Gallimard, 1970, pp.339~371.

27) 알다시피 클라우제비츠는 전쟁에서 군사적 목표는 적의 방어능력 내지 저항능력을 소멸시키는 것이라고 생각했다. 하지만 이런 군사적 목표와 정치적 목표를 주의 깊게 구별했던 클라우제비츠는 수단의 파괴, 인간들이라는 존재 자체의 파괴, 인간들의 제거나 '쓸모없는' 대상으로의 전환 등의 간극을 계속 유지했다.

리는 이런 질문을 동시대 철학에서 커다란 반향을 얻고 있는 다수의 주제들과 결부시켜볼 수 있을 것이다.

근본악이라는 주제가 그 중 하나이다. 아렌트는 포스트칸트주의적인 용어법에 따라 이 주제를 늘 '자발성,' 곧 판단능력과 저항능력을 동시에 제거하는 것과 연결시킨다. 하지만 근본악은 주체와 객체, 도살자와 피해자, 요컨대 능동성과 수동성의 구별을 무너뜨리는 **경향을 지니며**, 레비가 '회색지대'라고 부른 것을 설립하는 위반 전체가 산출한 효과이기도 하다. 나는 이것을 도살자의 역할과 희생자의 역할이 혼동되는 것이 아니라 2차적인 수준에서, 즉 **인간적인 것 안에**(또는 '인간 종' 안에) 존재하는 **비인간적인 것의 위치**와 관련된 (사실상 결정불가능한) 질문이 등장하는 것으로 해석하려고 한다. 도살자와 희생자, 또는 이용하는 자와 이용당하는 자 중 짐승이나 기계, 물건Stück의 등가물이 되는 것은 누구인가?

(가령 테오도르 아도르노와 프랑크푸르트학파 일반에서 볼 수 있는) **파괴적 생산**이라는 관념과 분리불가능한 또 다른 주제는 '생산적 파괴'라는 관념을 포함해 산업적 합리성에 대한 경제학자들의 관점을 전도시키고, 그것을 역사 전체로 확장하는 데 의거하고 있다. 이 주제는 수용소, 더 일반적으로는 전체주의 제도의 **비효용성**에 관한 아렌트의 성찰과 일맥상통하는 것인데, 결국 이 비효용성이라는 관념은 근본악이라는 관념의 다른 면이다. 아렌트는 신학적인 전제를 포함하

고 있는 '의지의 도착'이라는 칸트적 의미를 넘어서, 법이라는 관념 자체의 '악마적' **전도**라는 의미(칸트 자신은 이런 의미에 조심스럽게 거리를 둔 바 있다)를 근본악이라는 관념에 부여한다. 기본적으로 이것은 '악의 평범성,' 즉 생명의 인간적 조건을 **파괴하는 법**, 따라서 집합적 비인간화의 '정언명령'(이것의 원천 역시 익명적이다)으로 나타나는 법**에 무관심하게 복종하는 것**의 문제와 동일한 문제이다.[28]

하지만 인간학적 한계에 관한 이런 사유를 데리다가 일련의 텍스트에서 **죽음충동을 넘어서**라고 부른 것과 연결시켜볼 수도 있다. 지그문트 프로이트는 죽음충동을 파괴 역량 내지 생명의 탈본성화 역량으로 간주하는 동시에 유적 생명을 영속화하는 과정을 통해 개인적 생명의 도구화에 맞서 개인적 생명을 '보호'하는 역량으로 간주하기도 했다. 따라서 내가 잘 이해했다면 죽음충동을 넘어서라는 것은 이 두 가지 역량의 긴장 내지 '대립적 통일'을 분리함으로써 데리다 자신이 주권 원칙과 결부시킨 **통제충동** 또는 **지배충동**Bemächtigungstrieb만을 남겨두라는 말이다. 여기서 문제가 되는 것은 악한 의

---

28) 특히 많은 논평의 대상이 된 아렌트의 두 가지 정식[근본악에 대한 정식과 악의 평범성에 대한 정식]이 지닌 상호보완적 성격과 양자의 간극에 대해서는 다음의 논문을 참조하라. Adi Ophir, "Between Eichmann and Kant: Thinking on Evil after Arendt," *History and Memory*, vol.8, no.2, 1996; *The Order of Evils: Toward an Ontology of Morals*, New York: Zone Books, 2005.

지나 인간의 '사악함' 같은 심리학적 유추가 아니라 생명이 죽음과 맺고 있는 구성적 연합이 생명 자신에 맞서 되돌아온 다는 가설이다. 이 경우 죽음은 '자아'나 개인성의 방어 기능을 무제한적인 전유 과정(여기에는 아마도 우선적으로 자기 전유가 포함될 것이다)으로 역전시킬 것이다.[29] 나는 우리가 여기서 심리주의로부터 벗어났다고 말했는데, 물론 프로이트 자신도 심리학과 형이상학 사이, 곧 **인간 본성**이라는 관념에 준거하는 경험적 방식과 사변적 방식 사이의 극히 불편한 능선 위에 서 있었다. 이런 '죽음충동'이라는 관념, 그리고 죽음 충동의 너머 또는 한계라는 관념은 홉스 식의 '만인에 대한 만인의 투쟁'과도, 찰스 다윈과 그 정치적 해석자들의 '자연 선택'과도 동화될 수 없다. 여기서 우리는 극단적 폭력의 인간학적 지위라는, 아포리아적 양상이 두드러진 질문과 다시 만나게 된다. 극단적 폭력을 불러오는 인간 존재의 양상에 대한 현상학은 극한적 경험을 탐구한다. 또는 오히려 이런 경험의 가능성과 불가능성의 조건에 질문을 제기한다. 하지만 이 현상학은 기존에 존재하던 인간성과 비인간성 사이의 정상적이고 규범적인 구별만이 아니라 자연과 역사, 또는 자연과 정치의 구별까지 말소시키는 경향이 있기도 하다.

---

29) Jacques Derrida, *États d'âme de la psychanalyse*, Paris: Galilée, 2000; Fethi Benslama, "La dépropriation," *Lignes*, no.24, février 1995.

3. 비극적인 것의 정치

그렇다면 어떻게 우리는 정치에 구성적인 한계, 정치에 고유한 것이지 상황이 정치에게 강제하는 것만으로 이해될 수는 없는 한계를 고려하면서 정치의 목표를 다시 정식화해볼 수 있을까? 내 생각에 이런 재정식화는 정치의 환원불가능한 복합성을 철학적으로 받아들일 경우에만 가능할 수 있다. 그런데 우리가 지금까지 함께 [일종의 논거로] 내세워온 정치의 개념들이 필연적으로 서로 인접관계에 놓여 있긴 해도 정치 자체의 복합성 때문에 정치를 단 하나의 범주와 관련짓는 것은 불가능하다. 하지만 인접관계에 있다는 것은 불가피하게 그 개념들이 서로 긴장관계에 있음을 의미한다.

특히 여기서 나는 이전에 다른 곳에서 다뤄본 적 있는 문제,[30] 다시 말해 (어원상 매우 가까운) 시민권citoyenneté 개념과 시민다움civilité이라는 개념 사이에 존재하는 긴장을 다시 고찰해볼 생각이다. 이 두 개념은 부단한 역사적 과정 속에서 이를테면 서로가 서로를 전제하는 '상반된 것'이라고 말해야 할까? 우리가 그 산물이자 가능한 한도 내에서는 그 행위자들이기도 한 '근대'의 시민권은 원칙적으로 보편적이다. 이

---

30) 에티엔 발리바르, 서관모·최원 옮김, 「정치의 세 개념」, 『대중들의 공포: 맑스 전과 후의 정치와 철학』, 도서출판b, 2007.

런 시민권이 국경 내부에 위치해 있는 경우에도 그렇다(아마도 장래에는 국경들을 관통해 관국민적 시민권으로 존재할 것이다). 이 때문에 근대 시민권은 '공동체 없는 공동체' 내지 **실체적인 유대** 없는 공동체, 자연적이거나 초자연적인 '기원' 없는 공동체라는 역설적 형태를 취할 수밖에 없다. 근대 시민권은 지배와 차별의 형태를 **동시에** 무효화하는 형태, 권리의 상호성을 집합적이고 내재적으로 구성하는 형태일 수밖에 없다(나는 이 점에 관해 민주주의 전통의 역사를 집약하는 합성어로서 평등자유*라는 단어를 제시한 적이 있다).31) 이와 반대로 나는 시민다움이라는 관념을 정체화와 탈정체화의 운동(또는 인간적 유대를 가능케 하는 정체화 내부에서 정체화와 거리두기), 따라서 집합적인 것이 지닌 역량 자체로부터의 물러섬retrait(이는 '개인주의'를 의미하지 않는다)과 결부시킬 것이다. 따라서 나는 정치 안에 시민권 이외에도 시민다움의 계기가 존재해야 한다는 가설을 제시해보려고 한다. 반폭력 내지 폭력에 대한 저항의 필요성, 특히 폭력이 일반

---

* égaliberté. 발리바르가 프랑스어의 '평등'(égalité)과 '자유'(liberté)를 결합해서 만든 신조어.

31) 에티엔 발리바르, 윤소영 옮김, 「인권과 시민권: 평등과 자유의 현대적 변증법」, 『인권의 정치와 성적 차이』, 공감, 2005. [이 논문은 1989년 프랑스 혁명 200주년을 맞아 발표된 논문으로 원래의 더 긴 발표문이 축약된 판본이다. 원래 발표문은 다음에 수록되어 있다. Étienne Balibar, "La Proposition de l'égaliberté," *La Proposition de l'égaliberté*, Paris: PUF, 2010; 진태원 옮김, 『평등자유 명제』, 그린비, 근간.]

화될 경우 폭력 자체가 유발하는 반동적 폭력에 대한 저항의 필요성을 정치 안에 도입하기 위해서 말이다.

(영토적인, 따라서 국민적인 **외연적** 차원이 아니라 평등하고 민주주의적인 **내포적** 차원인) 시민공동체의 '부정적' 보편성은 항상 잠정적인 조건과 아주 협소한 사회적 한계 속에서만 공공질서의 제도적 결과일 수 있다. 이런 보편성은 오직 주체적 과정으로부터 자신의 역동성을 이끌어낼 수 있다. 클로드 르포르는 이것을 '민주주의의 발명'이라고 불렀고, 자크 랑시에르는 '몫 없는 이들의 몫'에 대한 요구라고 불렀다. 나 자신은 이것을 '해방적 봉기'라고 부른 바 있는데, 헌정은 이것을 영속화하는 동시에 은폐한다. 하지만 이런 봉기도 그것이 '비판적인' 방식으로 인정하는 법이나 공동체 질서와 관련해서만 의미를 얻을 뿐이다. 그렇다면 서로 가깝지만 그와 동시에 환원불가능하고(즉, 결코 서로 동일하지 않고), 우리가 극단적 폭력을 대면하는 상황에 따라 때로는 이것이 때로는 저것이 요구되는 두 개의 주체적 운동을 어떻게 결합할 것인가? 한편에는 우리로 하여금 정의, 심지어 지배와 착취로 인해 생겨난 피해의 '회복'을 요구하게 만들고, 보편적 공동체를 정초하는 구성적/헌정적 봉기의 형태 아래 권리(특히 평등한 권리)를 주장하도록 이끄는 운동이 있다. 다른 한편에는 공동체의 이해관계와 공동체의 실체적인 이미지로부터 거리를 둘 수 있게 해주는 운동, 공동체적이고 내포적인 유형의

보편성이 아니라 외연적이고 '이산적인'diasporique 유형의 보편성을 지닌 운동이 있다(우리는 이 운동을 지칭하기 위해 원래 푸코가 부여한 의미보다 조금 더 확장된 의미를 부여해 '헤테로토피아'라는 개념을 사용해볼 수 있을 것이다[32]). 어떻게 이두 운동을 결합할 것인가? 이것은 정치의 **수수께끼**, 어쨌든 정치의 실천적인 아포리아이다. 하지만 이런 아포리아는 열림, 정치가 '테러'나 '잔혹'의 형태와 거리를 둔 채 각각의 '현재 순간' 속에서, 우발적인 방식으로 스스로를 재구성하거나 재발명할 수 있는 열림이기도 하다. 이런 열림은 정치를 요구하는 동시에 정치에게 기회를 제공하기도 한다.

우리는 인권의 정치라는 문제를 검토하는 아렌트의 성찰에서도 이런 역설적 결합, 곧 정치(그리고 정치적 주체성, **행위**의 대표[표상/상연] 자체)의 자기전화 과정을 목표로 삼는 한에서 실용적이거나 '수행적인' 결합을 볼 수 있다. (『전체주의의 기원』 2부의 마지막 장 「국민국가의 쇠퇴」에서 서술된) 아렌트의 기본 관념이자 우리가 아렌트의 메타정치적 '정리'라고 부를 수 있는 사상은 평등자유 명제, 또는 '인권의 정치'라는 관념 속에 포함된 해방의 요구를 비판적으로 전환시킨

---

32) Michel Foucault, "Des espaces autres," *Dits et Écrits*, vol.4: 1967~84, Paris: Gallimard, 1984, p.752ff. 푸코는 이 용어를 『말과 사물』의 서두에서 처음 사용했다. 미셸 푸코, 이규현 옮김, 『말과 사물: 인문과학의 고고학』(개정판), 민음사, 근간.

다. 익히 알려져 있다시피 아렌트에게 국민국가의 위기, [그로 인한] 대대적인 국적 박탈, 인구의 대량이주 현상(아렌트가 이런 현상을 지칭하기 위해 만든 '국가 없는 사람들'sans État이라는 표현은 특히 **미등록 체류자들**sans-papiers처럼 이제 그것과 유사하거나 그로부터 파생된 일련의 표현 전체의 모델로 사용된다)은 시민의 권리와 법치국가를 근거짓고 보증해주는 것이 도덕적·철학적 의미('세계시민적')에서의 '인간의 권리'가 아니라 그 정반대라는 점을 보여줬다. 즉, 제도적으로 정의된 시민의 권리가 철폐되는 곳에서는(그리고 그런 시민의 권리를 박탈당한 사람들에게는) 기본적인 '인권'도 더 이상 존재할 수 없는 것이다. 다른 모든 권리를 조건짓는 '권리들을 가질 권리'는 자연/본성에 뿌리를 둘 수도 없고 계시에 뿌리를 둘 수도 없다. 물론 이런 권리는 권력 행사의 실정법적인 양상, 곧 **헌정내적**constituée 양상으로 환원되지도 않는다(이 사실은 이런 권리가 주권자에 의해 순수하게 '허가'될 수 없음을 의미하기도 한다. 이런 주권자가 '인민의 대표자'라 하더라도 그렇다). 이 권리는 압제·예속·죽음에 대한 개인적 저항과 인간 실존의 '공적' 차원에 대한 집합적 긍정이 접합되는 지점 자체에서, 곧 제도의 탄생 지점에서 **스스로 구성**되어야 한다. 다른 말로 하면 자유와 평등을 엄연히 분리불가능하고 상호적인 요구로 만드는 권리의 보편적 선언은 **'정치형태'의 현실성**을, '인간적인 것'의 유일한 현실적 실현형태인 시민들의 공동체를 실효성 있게(명령과 과제라는 양태로, 하지만 자기의 존재[함]를 위해 우선적으로 수행해야 할 양상으로서도) 선언한다. (존 롤즈가 말한 것처럼) 전제적이거나 과두제적인 권력이 자유와 평등에 강제하는 경향이 있는 '어휘들의 순서'*에 타협하지 않으면서 말이다. 이렇게 보면 사람들이 보통 고대적인 모델에서 영감을 얻고 있기 때문에 '도시국가,' 동류의 사람들homoioi이기도 한 동등한 사람들의 작은 공동체에 대한 향수에 사로잡혀 있다고 말하곤 하는 아렌트의 공화주의는 오히려 세계화의 시대에 보편자의 현실성에 관한, 전적으로 열려 있는 한 가지 문제를 제기할 만한 능력을 지니고 있음이 드러난다. 정치공동체가 더 이상 자연적이거나 전통적인 토대를 갖지 않고 결단과 실천의 결과일 수밖에 없는 세계에서 나타나는 권리에 대한 권리의 제도 양상이라는 문제, 또는 시민권이라는 문제가 바로 그것이다.[33] 내가 보기에 결국 이 문제는 시민의 권리란 **인류**나 미리 존재하는 **인간 본성**에 준거하지 않으며,

---

* lexicographical order. 사전에서 '가, 나, 다……'나 'a, b, c……' 순서로 어휘들이 일정한 순서에 따라 배열되는 것처럼 사회정의의 차원에도 우선적인 원칙의 순서가 존재한다는 것을 가리키는 말. 존 롤즈, 황경식 옮김, 『정의론』(1971), 이학사, 2003. 여기서 발리바르가 뜻하는 것은 '권리들을 가질 권리' 또는 '인권의 정치'가 (전제정의 경우 자유보다는 평등을, 과두정의 경우 평등보다는 자유를 우선시하는 식으로) 자유와 평등을 분리해 어느 하나를 상위의 원칙으로 설정하는 것에 반대해 "자유와 평등을 엄연히 분리불가능하고 상호적인 요구로 만드는 권리의 보편적 선언"으로 제시된다는 점이다.

공동체의 또 다른 모습(긍정적 모습과 맞서는 '부정적' 모습이 아니라 '비판적,' 심지어 자기비판적인 모습)인 **시민다움**과 '구성적인' 한 쌍을 형성한다는 사실을 고려하게 만든다.

이 점을 사변적인 방식으로 재정식화해볼 수도 있다. 정치적인 것의 민주적 '토대,' 곧 고전적 선언들이 (계시에 준거하거나 하지 않는 가운데) '자연적' 자유와 평등이라고 불렸던 것 등이 직접 반박되거나 자기 자신의 제도화 속에서 부정되는 사태를 피하는 유일한 방식은 **토대 자체를 폐지하는 것**이다. 다시 말해 정치(그리고 평등자유 명제)를 절대적인 '허구'로, 필연적이고 돌이킬 수 없이 우연적인 **토대 없는 제도**로 인식하는 것이다.[34] 유일한 '토대'는 부정적인 토대, 즉 **테러** 내지 극단적 폭력이다(또는 테러 그 자체인 극단적 폭력형태의 결합이다). 따라서 정치를 절대적인 '허구'로 인식한다는 것은 다소간 완전하게, 다소간 오랫동안 테러와 거리를 두고 테러를 **지연**시킬 수 있는 우발적이면서도 전적으로 현실적인 가능성으로 정치를 인식하는 것이다. 확실히 인간학적 관점에서 본

33) 한나 아렌트, 이진우·박미애 옮김, 『전체주의의 기원 1』, 한길사, 2006. 특히 제국주의 문제를 다루는 2부 중 「국민국가의 몰락과 '인권'의 종말」을 참조하라. 아렌트의 주장에 관한 여러 논평 중에서는 다음의 책을 참조하라. Marie-Claire Caloz-Tschopp, *Les Sans-États dans la philosophie d'Hannah Arendt*, Paris: Payot, 2000.

34) Étienne Balibar, "Arendt, le droit aux droits et la désobéissance civique," *La Proposition de l'égaliberté*, Paris: PUF, 2010.

다면 이것은 '비관적'인 명제이며, 바로 이 때문에 사람들은 이 명제가 '홉스적'인 명제라고 믿을 수도 있을 것이다. 다만 차이가 있다면 여기서 문제가 되는 테러는 전前정치적인 '자연상태'와 무관하다는 점일 것이다. 오히려 이런 테러는 정치가 '다른 수단'을 통해 자신을 '지속'시키는 방식, 또는 자기 자신의 수단을 극한으로 밀어붙이는 방식에서 생겨나는 초정치적인 테러라고 해야 할 것이다. 그러므로 이런 테러는 항상 인간을 그 자신의 악한 본성으로부터 '구원'한다고 자처하는 법적 절대absolu juridique나 주권적 지배imperium라는 형태 아래 정치적인 것을 제도화함으로써 멀리할 수 없는 것이다. 바로 이런 의미에서 나는 시민다움에 따라 영속적으로 측정되고, 시민다움의 제도를 자신의 내적 조건으로 지니는 어떤 시민권 제도를 사유해보려고 시도하는 것이다.[35]

그리고 바로 여기서 아주 간략하게나마 정치가 지닌 본질적으로비극적인 차원을 환기시키지 않은 채 넘어가는 것은

---

35) 처음에는 (특히 형제들, 또는 '동류'끼리 정치적으로 결합할 수 있게 해주는 조건으로서의 '부친 살해'라는 알레고리에서 분명히 드러나는) 유사성을 지니지만, 결국 홉스와 프로이트가 서로 분리되는 지점에 대한 성찰이 요구되는 곳이 바로 이 지점이다. 양자를 분리시키는 것에 대한 성찰은『집단심리학과 자아분석』이나『문명 속의 불만』같은 텍스트들에서 전개되는데, 이 텍스트들에서 잔혹성은 '문명화'의 층위에 위치하는 동시에 정치제도의 층위에도 위치하고 있다. 이것은 주권적 권위의 자기제한 전략을 암묵적으로 요구한다.

있을 수 없는 일이다. 우리의 동시대 문화에서 이런 성격 규정[정치의 비극적 차원]은 부분적으로 동일한 원전(그리스인들의 유산, 니체에 대한 독서)에서 유래한 것이다. 그렇긴 해도 이런 성격 규정이 일의적인 것은 분명히 아니다. 알베르 카뮈 같은 작가의 경우가 그런데, '참여'의 도덕뿐만 아니라 종교적이거나 세속적인 메시아주의로부터 물러선 것 때문에 카뮈는 오늘날 우리 문화에서 다시 한 번 하나의 준거를 이루게 된다.[36] 『반항하는 인간』(1951)에서 카뮈는 혁명이란 허무주의에 의한 반항의 은폐이자 역사의 의미라는 미망에서 영감을 받은 파괴의 섬망이라고 묘사했다. 정치적 도덕을 '극한의 사상'pensée des limites이자 '정오의 사상'pensée de Midi으로 정의함으로써 중용에 대한 감각을 갈등의 실천과 연결시킨 것이다(카뮈에게 갈등의 실천모델은 프루동 식의 혁명적 생디칼리즘이었다). 카뮈는 이런 철학을 알제리 전쟁에 응용해보려고 시도했으며, 특히 (알제리 해방전쟁이 발발한 지 2년 뒤인) 1956년 '알제리 시민 휴전 협정 호소문'을 발표한 바 있다. 이 호소문에 따르면 알제리에서 태어난 '두 인민'은 서로 간

36) 카뮈와 그리스인 사이의 관계는 니체만이 아니라 베이유에 의해서도 매개되고 있다. 도덕과 정치에 관한 카뮈의 관점에 대해서는 최근 캐롤이 내놓은 흥미로운 분석을 참고하라. David Carroll, *Albert Camus the Algerian: Colonialism, Terrorism, Justice*, New York: Columbia University Press, 2008.

의 대결 방식을 전쟁의 권리[전쟁할 권리]에 의해 인가된 형식으로 제한하는 것이 마땅하다.[37] 제아무리 고귀하고 용감한 것이라 할지라도, (무엇보다 [미리] 확립되어야 하는 논점, 곧 식민지 전쟁에서 전투 당사자들이 대칭적 지위에 놓여 있다는 논점을 전제하고 있기 때문에) 비현실적인 이런 정식보다는 막스 베버가 「직업으로서의 정치」에서 제시한 좀 더 오래된 정식을 중시해야 한다는 것이 내 생각이다.

어떤 목적을 위해서든, 좌우간 이 폭력의 수단과 계약을 맺는 사람은 (정치가는 누구나 이 짓을 합니다만) 이 수단의 특수한 결과를 피할 길이 없습니다. 종교의 신앙을 위해 싸우든 혁명의 신념을 위해 싸우든 간에 신념투쟁가의 경우는 특히 더 그렇습니다. …… 일반적으로 정치를 하고자 하는 사람, 특히 정치를 직업으로 삼고자 하는 사람은 이런 윤리적 역설을 의식해야 하며, 또 그 역설의 압력을 받으면서 자기 자신으로부터 나올 수 있는 것에 대한 자신의 책임을 의식해야 합니다. 되풀이해서 말합니다만, 그 사람은 모든 폭력 속에 숨어 있는 악마적인 힘과 관계를 맺는 것입니다. …… 자기가 제공하고자 하는 것에 비해서 세계가 자기 입장에서 볼

---

37) Albert Camus, *Oeuvres complètes*, vol.5, Paris: Éditions du Club de l'Honnête Homme, 1983, pp.383~392.

때 너무 어리석거나 너무 야비하더라도 이에 좌절하지 않을 것이라고 확신하는 사람, 그 어떤 일에 직면해서도 '그럼에도 불구하고'라고 말할 수 있다고 확신하는 사람, 이런 사람만이 정치에 대한 '소명'을 갖고 있는 것입니다.[38)]

그렇지만 좀 더 정확하게 말한다면, 오늘날 정치에 제기되고 있는 질문은 "위대한 인물들이 역사를 만든다"는 마키아벨리적이고 헤겔적이며 니체적이기도 한 관념에서 영향받은 질문이 아니다. 이와 달리 신념 윤리와 책임 윤리 사이의 균형이 어떻게 민주주의적으로 분유[배분]partagé될 수 있는가가 질문되어야 할 것이다.

나 자신은 비극에 대한 이런 준거와 관련해 상이한 가설을 제기해보고 싶다. 우선 부정적으로 말해보면, 시민다움의 정치는 **비폭력**과도, 폭력을 예방하거나 폭력에 저항하는 **대항폭력**과도 동일시되지 않는다(시민다움의 정치가 서사적인 양식으로도, 메시아적인 양식으로도 완전히 정향될 수 없게 만드는 것이 바로 이 점이다). 또한 시민다움의 정치는 평화의 명령과도 (어쨌든 오직 또는 완전히 그것하고만) 합치될 수 없다. 시민다움의 정치는 평화의 명령 이외에도, 단지 정의만

---

38) 막스 베버, 이상률 옮김, 『직업으로서의 학문/직업으로서의 정치』, 문예출판사, 1999, 146, 148, 154쪽.

이 아니라 정치적 아곤이나 갈등에 대해서도 자리를 마련해 줘야 하는데, 이 후자의 것이 없다면 시민다움의 정치는 해방의 가치를 지니지 못하며 전혀 획득될 수도 없다. 그런데 극단적 폭력의 고유성은 아마도 평화를 파괴하거나 불가능하게 만든다는 점이 아니라, 갈등으로부터 모든 역사성과 불확실성을 박탈하는 과도한 무력démesure을 갈등에 강제함으로써 갈등 자체를 소멸시킨다는 점일 것이다.

둘째, (주관적인 동시에 객관적인) 상이한 형태로 전개되는 '폭력'과의 논쟁은 본질적으로 **종결되지 않는** 것이다. 바로 이 때문에 기본적으로 "비폭력이란 존재하지 않는다." 기본적인 사회적 세력들, 따라서 적대적인 사회조직 원리들이 투여되는 갈등의 모든 가능한 진화과정에서는 어떤 세력관계이든 세력들의 **비관계**[모든 세력관계의 소멸], 세력들의 과도한 분출에까지 다다를 수 있다. 그리하여 이것들[세력들의 비관계, 세력들의 과도한 분출]이 푸코가 아곤이라고 부른 것, 즉 일체의 지배에 맞서는 저항 속에 각인된 [지배관계의] 잠재적 전도작용을 소멸시키거나 말소하고, 사회적이거나 영토적인 일체의 정상성 속에서도 여전히 남아 있는 자유로운 공간들의 헤테로토피아 역시 소멸시키거나 말소할 수 있다.

지난 수십 년 동안(아마도 지난 수세기 동안이라고 말할 수도 있을 것이다. 왜냐하면 이런 논쟁은 근대성이라는 관념 자체와도 그 외연을 같이 하기 때문이다[39]) '비극의 종말'에 대해

많은 논의가 있었다. 비극의 종말을 돌이킬 수 없는 그 무엇으로 간주해야 하는지, 윤리적 범주와 정치적 범주의 관계라는 관점에서 볼 때 이런 종말을 어떻게 해석해야 하는지 등에 관해서 말이다. 실제로 더 이상 '비극'을 **쓸 수 있는** 가능성은 존재하지 않을지도 모르겠다(확실히 이 말은 곧 더 이상 희극도 쓸 수 없다는 것을 의미한다). 하지만 저널리즘이나 정치적 담론의 형태로 **비극적인 것의 기록**이 쇄신될 수 있어야 한다. 오늘날의 '비극적 주체들'은 불가능한 것을 추구하는 투사들(비록 이들의 영웅적 성격은 의심할 나위가 없다 하더라도 나는 이들을 **영웅**이라고 부르지 않을 것이다)이라는 사실을 유념한다는 조건 아래 말이다. 예를 들면 [2003년 7월부터 이스라엘이 서안 지구를 경계로] 팔레스타인에 건설 중인 '장벽'의 양쪽 편에서 온 사람들, 각자의 공동체를 돌이킬 수 없이 분리하려는 이런 시도를 자기 자신의 신체와 발언으로 저지하려고 하면서도 어느 쪽이 강자이고 어느 쪽이 약자인지 잊지 않고 있는 이들이 바로 그런 사람들이다.

이미 베버가 지적한 바 있듯이, 정치[에서]의 '비극적인' 것은 정치가 포함하고 있는 **권력의 과잉**이라는 요소이다. 그렇지만 이것[정치의 비극적인 것]은 억압이나 테러로 인해 야

---

39) 예를 들어 다음과 같은 헤겔의 테제를 보라. "우리 시대에는 더 이상 영웅이 필요하지 않다."

기되는 저항·반역·혁명을 도착시킴으로써 파괴적이거나 자기파괴적인 대항폭력으로 전환시킬 **위험요소**이기도 하다. 여기서 우리는 칸트가 말한 '악령에 사로잡힌 민족'을 생각하게 된다. 「이성의 한계 안에서의 종교」의 저자인 칸트는 공화주의적 헌정이 이런 민족에게도 기능^{fonctionner}할 수 있어야 한다고 말했는데, 아마도 칸트는 이들을 혁명적인 민족, 곧 역사 속 자유의 주체 자체와 동일시했던 것 같다. 하지만 **반역이 도착적이 될 위험이 있다는 이유만으로 결코 반역하지 말아야 하는 것은 아니다**라고 말하는 윤리적 결단에서 출발할 경우, 정치의 비극적인 것은 비극적인 것의 정치가 될 수 있다. 베버가 「직업으로서의 정치」 마지막 부분에서 제기한 정식, 즉 권력의 **악마적** 요소 속에서 '불가능한 것'을 실현하는 것이 정치의 고유한 과제라는 그 정식을 '아래로부터' 응용하면 바로 이렇게 될 것이다. 나는 이에 대해 권력에서 가장 악마적인 것은 권력[힘]의 무기력함^{impuissance [de puissance]}이라고, 그도 아니라면 권력에 본래적인 전능함의 미망이라고 덧붙여 보고 싶다. 그렇지만 어쩌면 바로 이것이야말로 베버가 말하고 싶어 했던 것은 아니었을까?

부
록

역사에서 게발트가 행한 역할[*]

프리드리히 엥겔스 〈해제·번역 이재원 | 중앙대 문화연구학과 박사과정〉

* Friedrich Engels, "Die Rolle der Gewalt in der Geschichte," *Karl Marx-Friedrich Engels Werke*, vol.21, Berlin: Dietz Verlag, 1962. 본문에서의 모든 강조는 옮긴이의 것이며 교열 과정에서 영어판을 참조했음을 밝혀둔다. *The Role of Force in History: A Study of Bismarck's Policy of Blood and Iron* (with "The Theory of Force" from *Anti-Duhring*), trans. Jack Cohen, with introduction by Ernst Wangermann, New York: International Publishers, 2006[1967]. 부록에 수록된 "게발트 이론 I~III"은 박종철출판사의 허락을 받아 한국어판 『칼 맑스·프리드리히 엥겔스 저작선집』에서 발췌한 것이다(단, 부분적으로 번역을 수정했다). 이 자리를 빌어 다시 한번 감사의 말을 전한다.

프리드리히 엥겔스가 『역사에서 게발트가 행한 역할』을 집필한 것은 1887년 12월부터 1888년 3월 사이로 알려져 있다. 더 정확하게 말하면 이 논문의 4장을 이 시기에 집필한 것인데(엥겔스는 1878년 완간된 『오이겐 뒤링 씨의 과학 변혁』[이하 『반-뒤링』])에 실린 '게발트 이론 I, II, III'을 재수록해 처음 세 장을 채울 계획이었다), 엥겔스의 말에 따르면 자신이 새로 작성할 4장은 "지난 30년 동안 이 나라의 역사에서 게발트가 행한 아주 중요한 역할"에 관해 그 자신의 의견을 밝혀달라는 "독일 독자들의 기대"에 부응하는 것이었다.[1]

엥겔스가 말한 "독일 독자들"이란 일차적으로 맑스와 자신의 독자들, 즉 독일사회주의노동자당(1890년 독일사회민주당으로 개칭)의 핵심 활동가들을 지칭하는데, 더 엄밀히 말하

---

1) Friedrich Engels, "Entwurf des Vorworts zur Broschüre *Die Rolle der Gewalt in der Geschichte*," *Karl Marx-Friedrich Engels Werke*, vol.21, Berlin: Dietz Verlag, 1962, p.462.

면 자신들(혹은 맑스주의)의 독자로 **만들어야 할** 노동자계급 일반을 지칭하기도 한다.『공산당 선언』을 통해 프롤레타리아트를 노동자계급으로 발명했듯이("만국의 **노동자들**이여, 단결하라!"), 이제는 이 노동자계급을 다가올 혁명의 주력으로 만들어야 할 임무가 엥겔스에게 주어진 것이다. 이런 점에서 엥겔스가 말한 '기대'는 맑스 사후 그의 유산을 체계화하고 국제적인 사회주의(즉, 맑스주의) 운동을 공고히 해야 할 필요성을 느낀 엥겔스 자신의 '기대'이기도 한 셈이었다.

애초 엥겔스가『반-뒤링』을 집필하게 된 것도 이런 복잡한 사정이 있어서였다. 후세 사람들의 일반적인 생각과는 달리, 엥겔스가『반-뒤링』을 집필하기 시작한 1876년 5월 당시까지 대중이 쉽게 읽을 수 있도록 맑스주의(혹은 '과학적 사회주의')를 체계적으로 정리한 문서는『공산당 선언』밖에 없었다. 오늘날 유물론에 입각해 인류의 역사와 자본주의의 발달 과정을 처음으로 설명했다고 간주되는『독일 이데올로기』는 1932년에야 세상의 빛을 볼 수 있었고(독일사회주의노동자당의 지도부조차 이 원고의 존재 여부를 몰랐다),『자본』은 아직 완간되지도 않은 데다가 맑스의 공언과는 달리 노동하는 일반 대중이 쉽게 이해할 수 있는 책도 아니었다.

사정이 이랬던지라 1875년 막 출범할 당시의 독일사회주의노동자당 내부에 맑스와 엥겔스가 '공상적'이라고 비판한 (프루동주의에서부터 아나키즘에 이르기까지) 기존의 각종 급진주의 사상이 뒤섞여 있었던 것도 당연했다. 이런 온갖 급진주의 사상 중에서도 독일사회주의노동자당의 핵심 인사들(특히 에두아르트 베른슈타인, 아우구스트 베벨, 요한 모스트)을 비롯해 젊은 급진주의자들 사이에서 큰 인기를 끌었던 것은 당시 베를린대학교의 철학 강사로 재직 중이던 오이겐 칼 뒤링의 사상이었다. 모스크바의 맑스-엥겔스연구소 소장으로 러시아어판 『반-뒤링』의 50주년 기념판(1928) 서문을 쓴 다비드 리야자노프는 당시 뒤링이 큰 인기를 끌었던 이유를 이렇게 설명한 바 있다. "『반-뒤링』을 알고 있는 동지들은 흔히 뒤링을 완전히 백치라고 간주하곤 한다. 그러나 뒤링은 전혀 백치가 아니었다. 뒤링은 거물이었다. …… 예전에 유행하던 표현을 빌리면 뒤링은 젊은 세대에게 [자연과학, 철학, 정치경제학, 사회주의 등에 대해] '진리의 체계'를 제시할 수 있었던 인물이었다. **뒤링은 이 세계를 바라보는 완벽한 체계를 제시했고, 온갖 성가신 문제에 대한 답변을 제시했다.**"[2]

자신이 "공허한 언사 …… 헛소리"[3]라고 일축한 뒤링의 사상이 젊은 급진주의자 세대 사이에서 큰 인기를 끌고 있었다는 사실과 별개로(혹은 그 사실과 더불어), 엥겔스가 『반-뒤

---

2) David Riazanov, "On Engels' *Anti-Dühring*"(Preface to *Anti-Dühring*, Moscow, 1928), *Labour Monthly*, May-June, 1929. 강조는 인용자.

3) "Engels to Marx, 25 July, 1876," *Karl Marx-Friedrich Engels Collected Works*, vol.45, Moscow: Progress Publishers, 1991, p.131.

링』을 쓰기로 작정한 데는 뒤링의 사상이 맑스와 자신의 과
학적 사회주의에 대한 "최초의 엄밀하고 과학적인 비판"[4]으
로 간주되거나 자신들의 한계를 뛰어넘는 "위대한 과학적 급
진주의"[5]로 간주되고 있었다는 사정이 있었다. 이에 엥겔스
는 한편으로 "아직 연륜도 짧은 데다 하나가 되기로 가까스
로 확정된 당 내에 또 다시 종파적 분열과 혼란의 빌미를 제
공하지 않기 위해서"(독일사회주의노동자당의 기대), 다른 한
편으로는 "오늘날 학문적 혹은 실천적으로 더욱 일반적 관
심을 모으고 있는 여러 가지 문제들에 대해 나[과학적 사회주
의]의 견해를 적극적으로 전개"(엥겔스 자신의 기대)하기 위
해서『반-뒤링』을 집필하기 시작했던 것이다.[6]

　뒤링의 '체계'가 매우 광범위했던 탓에 그가 가는 곳마
다 따라다니며 자신의 견해를 대치시키려고 했던 엥겔스의
『반-뒤링』은 결국 뒤링의 것만큼이나 광범위한 분야에 걸쳐
맑스와 자신의 변증법적 방법과 공산주의적 세계관을 개진
하는 책이 됐다.[7] 바야흐로『반-뒤링』과 더불어 과학적 사회

---

4) Gerhard Albrecht, *Eugen Dühring: Ein Beitrag zur Geschichte, der So
-zialwissenschaften*, Jena: Fischer, 1927, p.212.

5) Eduard Bernstein, *Entwicklungsgang eines Sozialisten*, Leipzig: Meiner,
1930, p.10.

6) 프리드리히 엥겔스, 최인호 옮김, 「오이겐 뒤링 씨의 과학 변혁」(이하
「반-뒤링」),『칼 맑스·프리드리히 엥겔스 저작선집 5』, 박종철출판사,
1994, 5~6쪽.

주의가 **체계화**됐던 셈이다. 이런 점에서 **대중운동으로서의 맑스주의**는 『반-뒤링』의 등장 이후에야 본격적으로 가능해졌다고 할 수 있는데, 리야자노프는 『반-뒤링』이 왜 "맑스주의의 역사에서 한 획을 긋는 저작"인지를 언급하며 이 사실을 다음과 같이 설득력 있게 증언한 바 있다. "1870년대 말에 활동을 시작한 젊은 세대들은 바로 이 책을 통해서 과학적 사회주의가 무엇이고, 그 철학적 전제는 어떤 것이며, 방법론은 어떠한지를 배웠다. …… 1880년대 초에 데뷔한 젊은 맑스주의자들은 모두 예외 없이 이 책으로 공부했다."[8]

그렇다면 도대체 왜 엥겔스는 뒤링의 사상을 공허한 언사이자 헛소리라고 일축했던 것일까? 『역사에서 게발트가 행한 역할』에 재수록된 뒤링의 '게발트 이론'에 국한시켜 말해보면, (과학적 사회주의의 경제결정론을 비판한다며) 경제적 요소(가령 사적 소유)가 아니라 직접적인 정치적 게발트 unmittelbaren politischen Gewalt가 역사적으로 기초적인 것이라고 주장한 뒤링의 이론은 실천적 오류로 이어질 위험이 농후했기 때문이다. 게발트를 절대악 absolut Böse이자 원죄 Erbsünde로 보는

---

7) 엥겔스, 「반-뒤링」, 9~10쪽. 또한 다음을 참조하라. 프리드리히 엥겔스, 최인호 옮김, 「유토피아에서 과학으로의 사회주의의 발전」, 『칼 맑스·프리드리히 엥겔스 저작선집 5』, 박종철출판사, 1994, 406쪽.

8) David Riazanov, *Karl Marx and Friedrich Engels*, trans. Joshua Kunitz, New York: International Publishers, 1927, p.210.

뒤링의 이론은 게발트의 혁명적 역할, 즉 "새로운 사회를 잉태하고 있는 모든 낡은 사회의 산파" 역할을 한다는 사실을 못 보게 만든다. 이런 사고방식은 "인민이 불가피하게 폭력적 충돌gewaltsamer Zusammenstoß로 치달을 가능성이 있는" 독일에서 등장한 "역사상 유례가 없는 가장 혁명적인 당"에게는 전혀 어울리지 않는 것이었다.9) 엥겔스가 『반-뒤링』을 한창 집필하고 있을 1877년 당시, 독일사회주의노동자당은 이미 제국의회에 참여한 정당들 가운데 네 번째로 많은 지지를 받고 있었다.10) 엥겔스는 이 사실에 기뻐하면서도 당의 주도권이 도시 중산층 출신의 의원들에게 몰림으로써 당 내에 개량주의나 기회주의가 퍼지지 않을까 예의 주시 중이었다. 이런 상황에서 뒤링의 관념적인 게발트 이론은 노동자계급이 **계급투쟁을 통해서 스스로 해방을 성취해야 한다**는 과학적 사회주의의 대의에 찬물을 끼얹을지 몰랐다.

엥겔스가 『역사에서 게발트가 행한 역할』의 집필 계획을 세우며 『반-뒤링』에 수록된 '게발트 이론 I, II, III'을 재간행하기로 결심할 1887~88년경에는 독일사회주의노동자당의 약진이 더욱 눈부셨다. 독일사회주의노동자당은 1878년부터 실시된 반反사회주의법에도 불구하고(혹은 그 덕분에) '영

---

9) 엥겔스, 「반-뒤링」, 201쪽.
10) 한스-울리히 벨러, 이대헌 옮김, 『독일 제2제국』, 신서원, 1996, 94쪽.

웅적인 시기'를 보내고 있었다. 바로 이 시기에 독일사회주의노동자당은 1881년 총선에서 제국의회 의석 12석(득표율 6.1%)을 차지한 것을 시작으로 1884년 총선에서는 24석(득표율 9.7%), 1887년 총선에서는 11석(득표율 10.1%)을 차지하는 등 꾸준히 고른 득표율을 얻으며 1백만 명에 육박하는 당원을 모았던 것이다. 따라서 엥겔스가 보기에 노동자계급이 지배계급 사이에 불필요한 증오를 확산시켜 또 다른 탄압을 자초할 하등의 이유가 없었다. 노동자계급의 표가 "베네치아에서 이단 신문을 받는 죄수들이 감방 벽이 하루에 1인치씩 안쪽으로 조여올 때 느끼는 것과 같은 공포"를 이미 지배계급에게 충분히 안겨주고 있으니 말이다.[11]

그러나 『반-뒤링』을 쓸 때와의 차이점도 있었다. 엥겔스의 말처럼 당시 뒤링은 이미 잊혀진 것이나 다름없었다.[12] 따라서 뒤링의 게발트 이론이 당에 끼칠 악영향 같은 것은 문제가 되지 않았다. 즉, 그런 이유로 자신의 게발트 이론을 새로운 팸플릿에 재수록하려고 했던 것은 아니다. 오히려 당시 문제가 된 것은 독일 제국의 군국주의, 그리고 이와 연관된 국수적 민족주의(즉, 범게르만주의와 반유대주의)와 사회다윈주의였다. 1884~85년 독일 제국은 이미 남서아프리카, 토

---

11) "Engels to Julie Bebel, 12 March, 1887," *Karl Marx-Friedrich Engels Collected Works*, vol.48, Moscow: Progress Publishers, 2001, p.36.
12) 엥겔스, 「반-뒤링」, 9쪽.

고, 카메룬, 동아프리카 등을 '보호령'으로 획득한 상태였고, 1887년에는 제3차 7년제 예산(정부가 7년 동안 자신이 원하는 상비군을 유지할 수 있도록 하는 법안)을 제국의회에서 인준받기까지 했다. 당시 독일의 지배계급은 팽창주의가 자국의 경제위기와 사회적 갈등을 완화시켜줄 수단이라고 봤다. 일례로 1882년 창설된 독일식민협회의 회장인 호엔로에-랑엔베르크 공은 식민지를 획득하는 것보다 더 효과적으로 사회민주주의라는 위험과 맞서 싸울 수 있는 방법("사회민주주의에 대한 더 확실한 안전")은 없다고 확신했다.[13]

엥겔스는 독일 제국의 이런 팽창주의가 또 다른 유럽 전쟁(혹은 세계대전)을 불러오리라고 봤다. "전쟁이 일어나면 대단히 심각해질 것이네. 도처에서 쇼비니즘이 불타오르겠지. 각 민족마다 생존을 위해 싸울 테니까. …… 프랑스에서 그랬듯이 독일의 우리 당 역시 쇼비니즘의 물결에 압도되어 박살날지 모르네." 따라서 엥겔스는 이럴 경우 "전쟁이 유럽 전역에서 우리의 운동을 후퇴시킬 것이고 …… 우리는 처음부터 다시 시작해야 할 테지"라며 깊이 걱정했다.[14]

---

13) 벨러, 『독일 제2제국』, 259~260, 298~299쪽.

14) "Engels to August Bebel, 22 December, 1882," *Karl Marx-Friedrich Engels Collected Works*, vol.46, Moscow: Progress Publishers, 1992, pp.414~415; "Engels to August Bebel, 13 September, 1886," *Karl Marx-Friedrich Engels Collected Works*, vol.47, Moscow: Progress Publishers, 1995, p.489.

그렇다면 이제 문제는 이런 대재앙을 어떻게 피할 것이냐, 혹은 어떻게 대비할 것이냐이다. 1877년 제국의회 총선이 끝난 뒤 엥겔스는 "우리 쪽에 투표한 25세 남자의 절반만이라도 2~3년간 군 복무를 시키면 어지간한 소총 정도는 충분히 다루게 될 것"[15]이라고 말하며 병영에도 사회주의의 대의를 확산시키는 것의 중요성을 강조한 바 있다. 엥겔스는 이런 착상을 '게발트 이론 II'에서 **군주의 군대가 인민의 군대로 전도**되는 것으로 묘사한 바 있다. 일단 병사들뿐만 아니라 장교들이 사회주의 성향을 갖게 되면 군대에서 쇼비니즘은 발붙일 곳이 없을 뿐만 아니라 군대의 전통적인 반혁명적 기능도 크게 약화되리라는 것이었다. 영국의 언론인인 어니스트 벨포트 백스의 진술에 따르면 엥겔스는 말년까지 이런 생각을 유지했던 듯하다. "독일군 현역의 3분의 1 정도가 당 지도부가 신뢰할 수 있는 단계가 되면 바로 혁명에 나서야 한다는 얘기를 엥겔스에게 한두 번 들은 게 아니다."[16]

그러나 '인민의 군대'에 대한 자신의 이런 착상이 들어 있다는 이유만으로 엥겔스가 『반-뒤링』에서 자신이 전개한 게

---

15) Friedrich Engels, "Letter to Enrico Bignami on the German Elections of 1877," *Karl Marx-Friedrich Engels Collected Works*, vol.24, Moscow: Progress Publishers, 1989, p.173.

16) 트리스트럼 헌트, 이광일 옮김, 『엥겔스 평전: 프록코트를 입은 공산주의자』, 글항아리, 2010, 555쪽. 재인용.

발트 이론을 재간행하려고 했던 것은 아니다. 엥겔스가 자신의 게발트 이론 뒤에 새롭게 집필해 덧붙이려고 했던 4장은 원래 8단락으로 이뤄져 있었다. 그러나 집필 도중 엥겔스는 이 중 마지막 단락의 구성을 대폭 손질하면서 이 팸플릿을 이렇게 결론지으려고 했다. "이 모든 것의 결과: 기껏해야 전쟁보다 더 나쁜 평화Ein Friede, schlimmer als Krieg, 혹은 세계대전."[17] 결국 엥겔스는 독일에서 오토 폰 비스마르크의 철혈 정책으로 구현된 게발트의 실천Gewaltspraxis이 종국에는 세계대전을 불러올 수밖에 없다는 점을 과학적 사회주의, 혹은 게발트에 대한 유물론적 설명에 근거해 밝히려고 했던 것이다. 그리고 바로 이에 성공해야만 『역사에서 게발트가 행한 역할』은 "독일 독자들의 기대"에 부응할 것이었다. 이렇게 본다면 엥겔스는 『반-뒤링』에서 가져온 장들을 게발트의 일반이론으로 제시하고, 이 일반이론을 지난 30년의 역사에 '적용'해 당대 독일의 향후 궤적을 예상해보려고 했던 것 같다.

요컨대 프로이센-프랑스 전쟁에서의 승전으로 건설된 독일 제국, 독일 제국의 새로운 헌법, 계급구조, 정당들의 역관계, 이 모든 것에 내재된 국내의 모순, 1870년대에 비스마르크가 행한 개혁의 추이 등을 놀랍도록 생생하게 묘사하고 면

---

17) Friedrich Engels, "Gliederung des Schlußteils des vierten Kapitels der Broschüre *Die Rolle der Gewalt in der Geschichte*," *Karl Marx-Friedrich Engels Werke*, vol.21, Berlin: Dietz Verlag, 1962, p.465.

밀하게 추적하고 있는 『역사에서 게발트가 행한 역할』은 두 가지 목표를 안고 있었다. 한편으로 엥겔스는 혁명적인 민주주의적 방식이 아니라 **위로부터의 혁명**(철혈 정책을 통한 전쟁과 영토 병합)을 통해 독일 통일을 달성한 비스마르크의 정치를 당대의 경제적 구조에 근거해 설명하려고 했다. 그리고 다른 한편으로는 비스마르크가 주도한 공격적인 대외 정책과 전 국토의 군사화가 결국 전쟁을 불러오리라는 것을 (독일 통일을 설명한 것과 똑같은 근거에서) 비판하려고 했다.

엥겔스는 이 작업을 자신의 마지막 이론적 사명 중 하나로 삼았던 것 같다("언젠가 이 주제를 좀 더 철저하게 다룰 기회가 있을 것이다"[18]). 그러나 결국 『역사에서 게발트가 행한 역할』은 미완성으로 남았고, 우리는 엥겔스가 자신의 비판을 어떻게 논증하려고 했는지 알 수 없게 됐다. 오늘날 우리가 알고 있는 것은 엥겔스 사후 실제로 세계대전이 발발했고, 쇼비니즘이 제2인터내셔널을 산산조각냈다는 사실이다. 우리는 엥겔스가 왜 이 작업을 못 끝마쳤는지 모른다. 제2인터내셔널의 성공적인 창설(1889년)에 전력을 다하느라, 혹은 『자본』 3권의 완성에 박차를 가하느라(1894년) 그랬을 수도 있고, 에티엔 발리바르의 지적처럼 자신(그리고 맑스)의 게발트

---

18) Engels, "Entwurf des Vorworts zur Broschüre *Die Rolle der Gewalt in der Geschichte*," p.462.

이론에 내재된 아포리아에 봉착해서 그랬을 수도 있다. 이에 대해서도 오늘날 우리가 알고 있는 것은 단 하나의 사실뿐이다. 엥겔스의 작업은 여전히 미완성이라는 사실, 즉 엥겔스가 제기한 문제(그것이 폭력이든 권력이든 **게발트를 국가가 독점한 오늘날 어떻게 혁명이 가능할 것인가? 혹은 그것이 내전이든 세계 대전이든 오늘날 게발트와 더불어/맞서 혁명은 가능할 것인가?**[19])는 아직도 우리 앞에 난제로 남아 있다는 사실 말이다. 바로 이 사실만으로도 미완성인 『역사에서 게발트가 행한 역할』을 지금 다시 읽어야 할 충분한 이유가 될 것이다. ■

---

19) 일찍이 영국의 어느 정치철학자는 군대가 혁명에서 수행하는 기능을 강조하면서 이 문제를 다음과 같은 방식으로 제기한 바 있다. "러시아인들을 제외한다면, 현실에서 혁명 지도자들은 과거의 이론이나 경험 그 어느 것도 참조하지 않은 채 임기응변으로만 자신들의 과제에 착수하는 듯하다. …… 이들은 [자신들이] 봉기를 통해 전복하려는 현 정부의 방어력이 지닌 힘이나 그 성격과 관련지어 무장봉기를 역사적으로 분석하려는 노력에 전혀 주의를 기울이지 않았다." Katharine C. Chorley, *Armies and the Art of Revolution*, London: Faber & Faber, 1943, p.11. 물론 그 이래로 우리는 더 많은 경험과 연구자료를 갖게 됐지만 여전히 이 문제는 난제로 남아 있다.

『역사에서 게발트가 행한 역할』의 4장 개요

1. 1848년 — 국민국가라는 요구 — 이탈리아, 독일, 폴란드, 헝가리.

2. [루이 나폴레옹] 보나파르트의 계몽된 정복 정책: 배상금을 대가로 얻은 국가 — 이탈리아.

3. 이와 상반된 [프로이센의] 군대 개편 — 분쟁 — 비스마르크 — 독창적이지 않은 정책.

4. 독일의 상황 — 통일: (1) 혁명에 의한 통일, (2) 오스트리아에 의한 통일, (3) 프로이센에 의한 통일(관세동맹).

5. 1864년과 1866년의 전쟁 — 혁명적 수단.

6. 비스마르크의 전성기(1870년까지).

7. 프랑스와의 전쟁 — 제국 — 알자스-로렌 병합 — 중재자로서의 러시아.

8. 비스마르크의 종착지 — 반동화·백치화, 문화투쟁(민사결혼), 보호관세와 대지주-부르주아지 동맹 — 식민지 사취, 비스마르크의 중상모략 — 반사회주의법 — 노동조합 탄압 — 사회개혁 — 알자스-로렌 병합으로 인한 군국주의 — 다른 아이디어의 고갈로 인해 [비스마르크 안의] 융커가 전면에 등장하다.

『역사에서 게발트가 행한 역할』4장 마지막 단락의 개요

I. 세 계급: 두 개의 형편 없는 계급, 부패 중인 계급[귀족]과 상승 중인 계급[부르주아지]. 그리고 부르주아지가 **정정당당하게 행동**하기를 원하는 노동자들. 따라서 뒤의 두 계급 사이에서 요령껏 행동하는 것이 유일하게 적절한 길이다 — 하지만 아니다! 정책: 국가게발트 일반을 강화하고, **특히** 재정적으로 독립시키기(철도의 국유화, 독점), 경찰국가, 주법적 사법원칙.

1870~88년의 독일에서 여전히 두드러진 1848년의 '자유[주의]적'이고 '국가적'인 이중적 성격.

비스마르크는 제국의회와 인민에게 의존해야만 했고, 이런 방향으로 나아가기 위해서는 출판, 언론, 결사, 집회의 완벽한 자유가 필요했다.

II. 1. [제국의] 구조.　a) 경제적 — 이미 엉망이 되어버린 화폐법(Münzgesetz)이 중요함.

　　　　　　　　　b) 정치적 — 경찰국가의 복구와 반(反)부르주아적 사법법(1876년), 프랑스에 대한 나쁜 모방 — 주법의 불확실성 — 제국법원에서 절정에 달함, 1879년.

　　2. 비스마르크를　a) 문화투쟁. 가톨릭 사제들은 더 이상 경
　　함부로 대하고　　찰군[국가헌병] 혹은 경찰이 아니다.

비방하는 것으 부르주아지의 환호 — 절망 — 카노사로
로 입증된 아이 가다. 유일한 합리적 귀결 — 민사결혼!
디어의 고갈.
한마디로 비스
마르크의 당.

3. 속임수와 파산. 그[비스마르크]의 개입. 부르주아지만큼이
나 불명예스러운 보수적 융커들의 비참함.

4. [비스마르크의] 융커로의 완벽한 전환.

     a) 보호관세 등, 부르주아지와 융커의 연
       합, 후자가 단물을 빨아먹다.

     b) 1882년 좌절된 담배 독점의 시도.

     c) 식민지 사취.

5. 보나파르트 식 a) 반사회주의법과 노동자들의 연합체[조
사회 정책.   합] 및 기금의 분쇄.

     b) 이 똥 같은 사회개혁.

III. 6. 대외 정책. 전쟁의 위협, 병합의 효과. 군대력의 증강. 7년
제 예산. 몇 년간 더 우위를 유지하기 위해 이뤄진 1870년
이전으로의 때맞춘 회귀.

IV. 7. 귀결.   a) 두 명[빌헬름 1세와 비스마르크]의 죽
         음으로 붕괴된 국내 상황: 황제 없이
         제국 없다! 혁명으로 가는 프롤레타리
         아트, 반사회주의법 폐지 이후 사회민
         주주의의 유례없는 성장 — 혼란.

     b) 이 모든 것의 결과: 기껏해야 전쟁보다
        더 나쁜 평화, 혹은 세계대전.

1871년 1월 18일 베르사유 궁전의 '거울의 방'에서 거행된 프로이센 국왕 빌헬름 1세의 황제 선포식 장면. 1885년 프로이센 왕실은 비스마르크의 70세 생일을 맞아 독일 제국이 공식적으로 탄생한 이 날의 장면을 베르너(Anton Werner, 1843~1915)에게 의뢰해 화폭에 담았다.

1. 게발트 이론 I

[⋯⋯] **정치적** 연관들의 형상은 **역사적으로 기초적인 것**이며, **경제적** 의존들은 단순히 **작용**일 뿐이거나 특별한 경우에 지나지 않으며 따라서 언제나 **두 번째 순위의 사실들**이다. ⋯⋯ **본원적인 것은 직접적인 정치적 게발트에서** 찾아야 하며 간접적인 경제력ökonomischen Macht에서 찾아서는 안 된다. [⋯⋯] 사람들이 정치적 파벌을 그것 자체를 위해 출발점으로 삼는 것이 아니라 전적으로 **배를 불릴 목적을 위한 수단**으로 삼는 한, 아무리 급진 사회주의적이고 혁명적으로 보인다 할지라도 그들 속에는 얼마간의 은폐된 반동이 숨어 있을 것이다.

이것이 뒤링씨의 이론이다. 이 이론은 이곳을 위시한 다른 많은 곳들에서 그저 제출만 되고 있는데, 말하자면 포고되고 있다. ⋯⋯ 사태는 로빈슨이 프라이데이를 예속시켰던 저 유명한 타락을 통해서 이미 증명되어 있는 것이다. 그것은 게발트 행위Gewalttat였으며, 따라서 정치적 행위politische Tat였다. [⋯⋯] 지금까지의 모든 역사를 인간에 의한 인간의 예속에 귀착시킨 뒤링씨가 옳다고 설사 잠시 동안 가정하더라도, 우리는 사태의 저변에 도달한 것이 아니다. 그렇기는커녕 우선 다음과 같은 의문이 생겨난다. 로빈슨은 어떻게 해서 프라이데이를 예속시키게 되었는가? 그저 재미로? 결코 그렇지 않다. 반대로, 프라이데이는 "노예 또는 단순한 도구로서 경제적 노역을 강요당하며 또한 단지 도구로서만 부양된다"는 것을 우리는 알고 있다. 로빈슨이 프라이데이를 예속시킨 것은 프라이데이로 하여금 로빈슨의 편익을 위해 노동하도록 하기 위해서일 뿐이다. 그러면 로빈슨은 어떻게 해야 프라이데이의 노동에서 자신의 편익을 끌어낼 수 있는가? 프라이데이로 하여금 계속 노동할 수 있도록 하기 위해 로빈슨이 프라이데이에게 주지 않으면 안 되는 것보다 더 많은 생활수단을 프라이데이가 자신의 노동으로 산출하는 수밖에 없다. 그러므로 로빈슨은 뒤링씨의 명시적 명령을 어기고 프라이데이의 예속화에 의해 수립된 "정치적 파벌을 그것 자체를 위해 출발점으로 삼는 것이 아니라 전적으로 **배를 불릴 목적을 위한 수단으로 삼은**" 셈이므로, 이제 로빈슨은 자신의 주인이며 스승인 뒤링씨와의 관계를 어떻게 정리할 것인지에 대해 스스로 잘 생각해봐야 할 것이다.

그러므로 뒤링씨가 게발트가 "역사적으로 기초적인 것"임을 증명하기 위해 특별히 고안해낸 이 유치한 실례는 게발트가 수단에 불과하며 오히려 경제적 이익이 목적이라는 것을 증명하고 있다. 목적은 그 목적을 위해 사용되는 수단보다 "더 기초적"이며, 그런 만큼 역사에 있어서 관계의 경제적 측면은 정치적 측면보다 더 기초적이다. 따라서 위의 실례는 그것이 증명해야 할 것과 정반대되는 것을 증명하고 있는 셈이다. 그리고 지금까지의 모든 지배와 예속Herrschaft und Knechtschaft의 경우에 있어서도 사정은 로빈슨과 프라이데이의 경우와 매한가지이다. 언제나 복속화는 뒤링씨의 우아한 표현법을 빌리면 "배를 불릴 목적을 위한 수단"이었지(배를 불릴 목적이라는 이 말을 가장 넓은 의미로 해석하면), "그것 자체를 위해" 도입된 정치적 파벌이었던 적은 언제 어디서도 없었다. 조세가 국가에서 "두 번째 순위의 작용"에 불과하다거나, 지배하는 부르주아지와 지배받는 프롤레타리아트라는 오늘날의 정치적 파벌은 "그것 자체를 위해" 있는 것이지 지배하는 부르주아들의 "배를 불릴 목적"으로, 즉 이윤 추구와 자본 적립을 위해 있는 것이 아니라거나 하는 식으로 상상하기 위해서는 뒤링씨가 되어야만 할 것이다. [……]

2. 게발트 이론 II

그렇지만 뒤링씨의 이 전능한 '게발트'를 좀 더 자세히 고찰해보도록 하자. 로빈슨은 "손에 검을 쥐고" 프라이데이를 예속시킨다. 로빈슨은 이 검을 어디서 구하는가? …… 아무리 어린애 같은 공리주의자라도 다음의 사실을 이해할 수 있을 것이다. 게발트는 단순한 의지 행위Willensakt가 아니며 그 실행을 위한 극히 실재적인 사전 조건, 특히 도구를 요구하는 바, 그 도구들 가운데 더 완전한 것이 더 불완전한 것을 이긴다. 더욱이 이 도구는 생산되어 있지 않으면 안 되며, 따라서 이와 동시에 인정되는 사실로 통칭 무기라는 더 완전한 게발트 도구Gewaltwerkzeuge의 생산자가 더 불완전한 무기의 생산자에게 승리를 거둔다. 한마디로 게발트의 승리는 무기의 생산에 근거하며 무기의 생산은 다시 생산 일반에 근거한다는 것, 따라서 게발트의 승리는 '경제력,' '경제적 상황,' 게발트가 뜻대로 처분할 수 있는 물질적 수단에 근거한다.

　게발트, 그것은 오늘날 군대와 함대이며, 이 두 가지는 우리 모두가 뼈저리게 느끼고 있다시피 "엄청나게 많은 돈"이든다. 그러나 게발트는 돈을 만들 수 없으며, 기껏해야 이미 만들어진 돈을 빼앗을 수 있을 뿐이다. …… 화폐는 결국 경제적 생산을 매개로 해서 제공되어야 한다. 따라서 게발트는 그 도구를 장비하고 유지하기 위한 수단을 마련해주는 경제적 상황Wirtschaftslage에 의해 결정된다. 그러나 그뿐만이 아니다. 바로 이 군대와 선대보다 더 경제적 사전 조건에 의존하는 것은 없다. 무장, 편성, 조직, 전술, 전략 등은 무엇보다 그때 그때의 생산 단계와 통신에 의존한다. 여기서 변혁적으로 작용하는 것은 천재적 장군들의 "지성의 자유로운 창조물"이 아니라 더 우수한 무기의 발명과 병력 자원의 변화였다. 천재적 장군들의 영향력은 기껏해야 전투 방식을 새로운 무기와 전투원들에게 적응시키는 것에 국한된다.

[……] 이 전쟁[프로이센-프랑스 전쟁]은 대륙의 모든 대국으로 하여금 프로이센 식 후방 예비군 제도를 자국에서 한층 강화된 형태로 실시하지 않을 수 없게 했으며, 그리하여 몇 년 안에 자멸을 몰고 올 수밖에 없는 군사적 부담을 지지 않을 수 없게 만들었다. 군대는 국가의 주요 목적이, 자기 목적이 되어 있다. 인민들은 다만 병사를 제공하고 부양하기 위해서만 존재한다. 군국주의는 유럽을 지배하고 있으며 집어삼키고 있다. 그러나 이 군국주의는 자신을 몰락시킬 맹아를 내포하고 있다. 개별 국가들 사이의 경쟁은 이 국가들로 하여금 한편으로는 군대, 선대, 화포 등으로 해마다 더욱 많은

돈을 돌리지 않을 수 없게 하며, 따라서 재정적 와해를 더욱 재촉한다. 다른 한편으로는 개병제를 더욱 본격적으로 실시하게 함으로써 결국 인민 전체가 무기 사용법을 습득하는 결과를 낳는다. 그리하여 인민들이 어느 순간에 가서는 명령을 내리는 군 사령부를 거역하고 자신들의 의지를 관철할 수 있게 한다. 그리고 이 순간은 인민 대중(농촌과 도시의 노동자와 농민)이 의지를 **갖게** 되자마자 도래한다. 이 시점이 오면 군주의 군대는 인민의 군대로 전도된다. 기계가 말을 듣지 않는 것이며, 군국주의는 자체 발전의 변증법에 의해 몰락한다. 요컨대 1848년의 부르주아 민주주의가 프롤레타리아적이지 않고 **부르주아적**이었던 까닭에 수행하지 못한 일은 근로 대중으로 하여금 자신들의 계급적 처지에 조응하는 내용의 의지를 갖게 하는 것이었다. 그 일을 사회주의는 반드시 성취할 것이다. 그리고 이것이 의미하는 것은 군국주의와 아울러 모든 상비군을 **내부로부터** 폭파하는 것이다. [……]

3. 게발트 이론 III

[……] 이상에 근거해 볼 때, 역사에서 게발트가 경제 발전에 대해 어떤 역할을 하는가는 명확하다. 첫째, 모든 정치적 게발트는 본원적으로는 어떤 경제적·사회적 기능에 근거하며, 본원적 공동체의 해체에 의해 사회 성원들이 사적 생산자로 전화하는 것과 같은 정도로, 따라서 사회 성원들이 공동의 사회적 기능의 집행자들로부터 점점 더 소외되는 것과 같은 정도로 강화된다. 둘째, 정치적 게발트가 사회에 대해 자립적인 것으로 되고 충복에서 주인으로 전화한 뒤에 그 게발트는 두 가지 방향으로 작용할 수 있다. 정치적 게발트는 합법칙적인 경제적 발전의 뜻을 따라 그 방향으로 작용할 수 있다. 이 경우에는 둘 사이에 아무런 충돌도 일어나지 않으며 경제적 발전은 촉진된다. 그러나 정치적 게발트는 경제적 발전에 반하는 방향으로 작용할 수도 있는데, 그렇다면 정치적 게발트는 약간의 예외를 제외하고는 대개 경제적 발전에 굴복한다. 이 약간의 예외란 더 야만적인 정복자들이 어떤 나라의 주민들을 절멸시키거나 몰아내고 그들로서는 이용할 방법을 모

르는 생산력을 황폐화시키거나 못 쓰게 만드는 몇몇 정복의 경우이다. 예컨대 그리스도교도들은 무어인들의 스페인에서 무어인들의 고도로 발달한 농경과 원예의 기초였던 관개 시설의 대부분을 그렇게 하였다. [……]

뒤링씨에게 있어서 게발트는 절대악이며, 최초의 게발트 행위는 타락이다. 그의 서술 전체는 지금까지의 역사 전체가 원죄로 감염되고 모든 자연법칙과 사회법칙이 이 악마적 힘인 게발트에 의해 심히 왜곡되었다고 하는 비탄에 찬 설교이다. 그러나 게발트는 역사에서 또 다른 역할, 즉 혁명적 역할을 한다는 것, (맑스의 말에 따르면) 게발트는 새로운 사회를 잉태하고 있는 모든 낡은 사회의 산파라는 것, 게발트는 사회적 운동이 자신을 관철하며 굳고 마비된 정치적 형태를 파괴하는 도구라는 것 —— 뒤링씨에게서는 이런 언급을 한마디도 찾아볼 수 없다. …… 그는 독일에서, 요컨대 인민이 불가피하게 게발트적 충돌로 치달을 가능성이 있는 나라, 이런 충돌이 적어도 30년 전쟁의 굴욕으로 인해 민족 의식에 스며든 하인 근성을 일소한다는 이점을 갖고 있는 나라에서 이런 말을 하고 있는 것이다. 이처럼 김빠지고, 시들시들하며, 기력 없는 설교가적 사고방식이 감히 역사상 유례가 없는 가장 혁명적인 당을 비집고 들어오려 한단 말인가?

4. 역사에서 게발트가 행한 역할

이제 우리의 이론을 오늘날의 독일 역사, [오토 폰 비스마르크의] 철혈 정책1)으로 구현된 그 게발트의 실천Gewaltspraxis에 적용해보자. 우리는 이로부터 왜 철혈 정책이 한동안 성공을 거둘 수밖에 없었는지, 왜 궁극적으로는 실패할 수밖에 없었는지 명료하게 파악할 수 있을 것이다.

[이 부분에서 엥겔스는 1814~15년의 빈 회의에서 1834년의 관세동맹, 1848년의 3월 혁명에 이르기까지 프로이센의

---

1) Blut und Eisen. 1862년 9월 30일 프로이센 하원의 예산위원회에서 비스마르크가 천명한 정책. 의회가 빌헬름 1세의 군제 개편 요구에 대항해 '군사비 항목 삭감'으로 받아친 것을 비스마르크는 이렇게 비판했다. "독일은 프로이센의 자유주의가 아니라 프로이센의 힘을 중시하고 있습니다. …… 프로이센은 [통일을 위한] 호기를 위해서 힘을 합치고 집중시켜야 합니다. 우리는 이미 몇 차례 그런 기회를 놓쳤습니다. …… 지금의 이 크나큰 문제는 언론이나 다수결이 아니라 철과 피로써만 해결될 수 있습니다." 수상 취임 일주일 만에 나온 비스마르크의 이런 입장 표명은 오스트리아(그리고 대독일주의)에 맞서 협상이 아니라 힘으로 독일 통일을 달성해야 한다는 뜻이었다.

역사를 정리한다. 엥겔스가 강조하고 있는 것은 산업혁명에 뒤늦게 뛰어든 후발주자로서 독일 부르주아지가 그 어느 때 보다도 통일 독일을 원하게 될 수밖에 없었다는 것이다. **강력한 국민국가의 건설이야말로 안정된 국내 시장과 세계 시장에서의 경쟁우위를 확보할 수 있게 해줄 것이었기 때문이다.**]

[……] 수많은 소국들이 저마다 상이한 상업·산업 관련법 Handels- und Gewerbegesetzgebung을 유지한 채 존재하는 독일의 상황은 한창 강력하게 발전 중인 [독일의] 산업, 그리고 이와 연관된 상업의 발전에 참을 수 없는 족쇄가 될 수밖에 없었다. 몇 마일마다 달라지는 환율, 회사 설립에 대한 상이한 규제, 어디에나 존재하는 (말 그대로 어디에나 존재하는) 속임수, 관료적·재정적 함정, 심지어는 단 하나의 허가증조차 쓸모없게 만들어버리는 여전한 길드의 구속 등. …… 그에 따라 제국의 모든 시민이 독일인으로서 모든 시민적 권리를 누리고 완벽한 이동의 자유를 누리는 것, 단일한 상업·산업 관련법을 확립하는 것은 더 이상 극단적인 학생들의 애국주의적 환상이 아니게 됐다. 이제 이것들은 산업의 생존 조건이 됐으며 …… 독일의 통일은 경제적 필연성이 되어버렸다.

그러나 독일의 통일은 순전히 독일만의 문제가 아니었다. 30년 전쟁 이래로 독일과 관련된 모든 쟁점은 눈에 보이지 않는 외국의 간섭 없이 결정된 적이 없었다. 1740년 프리드리히 2세는 프랑스의 도움을 받아 실레지아[폴란드 서남부와 체코 동북부에 걸친 지역. 오늘날의 실롱스크]를 정복했다. 1803년 프랑스와 러시아는 제국대표자회의를 휴회시킴으로써 말 그대로 신성 로마제국의 재편을 좌우했다. [……]

[이하 엥겔스는 나폴레옹 전쟁, 빈 회의, 그 이후 시작된 이탈리아의 통일운동, 1854~56년의 크림 전쟁 등을 둘러싼 프랑스, 러시아, 오스트리아 사이의 역관계가 프로이센의 대외 정책에 끼친 영향을 정리하고 있다.]

따라서 독일의 통일은 국내의 군주들과 여타의 적들뿐만 아니라 외국과의 투쟁을 통해서 얻어져야만 했다. 혹은 외국의 도움을 받아서 이뤄져야만 했다. [……]

그런데 국가 전체의 힘Kräfte이 어떻게 통일될 수 있을까? 1848년 혁명 당시의 (거의 모두 혼란스럽던) 시도들이 실패하고, 이런 실패 탓에 다른 몇 가지 막연한 시도들마저 사라져버린 이래로, 세 가지 길이 열려 있었다.

첫 번째 길은 독일 내부의 모든 공국을 없애버리는 진정한 통일의 길, 공공연한 혁명의 길이었다. 당시 이탈리아는 이 길로 목적을 이뤄가고 있었다. 사보이 공국[훗날의 사르데냐-피에몬테 공국]이 혁명에 가담해 결국 이탈리아의 왕좌를 차지했던 것이다. 그러나 독일의 사보이 왕가인 호엔촐레

른 왕가, 그들이 사랑한 카보우르2)인 비스마르크는 이처럼 용기 있게 나갈 능력이 없었다. [……]

두 번째 길은 오스트리아의 패권 아래 통일을 이루는 길이었다. 1815년 이래 오스트리아는 나폴레옹 전쟁[그리고 그 결과]으로 부과된 조건과 한정된 지역을 포괄하는 조약국의 지위를 자진해서 유지하고 있었다. 오스트리아는 자국이 남독일에서 차지하고 있다가 박탈당한 이전 영토의 소유권을 주장하지 않았다. 오스트리아는 군주국이었던 이래 오랫동안 자국의 핵심이었던 지역과 지리적으로나 전략적으로나 훨씬 쉽게 융합될 수 있는 옛날 영토와 새로운 영토를 얻는 것으로 만족했다. …… 오스트리아는 점점 더 강대국으로서 누리고 있던 독립된 지위[독립국으로서의 지위]를 고수하게 됐다. …… 따라서 가톨릭교 성향의 남부와 서부에 있던 대부분의 공국들 사이에서 오스트리아가 여전히 인기를 누리며 존경받긴 했지만, 오스트리아의 패권 아래 독일의 통일이 이뤄지리라고 진지하게 생각하는 사람은 없었다. 중소 규모의 공국을 다스리던 몇몇 군주들을 제외하면 말이다. [……]

---

2) Camillo Benso, conte di Cavour(1810~1861). 이탈리아의 정치가이자 초대 총리. 1852년 사르데냐-피에몬테 공국의 총리로 임명된 뒤 1861년 (주세페 가리발디, 주세페 마치니와 더불어) 이탈리아가 통일되는 데 기여했다. "우리는 드디어 이탈리아를 창조했다. 이제 이탈리아인을 창조할 차례이다"라는 말을 남긴 것으로도 유명하다.

이제 세 번째 길이 남았다. 프로이센의 패권 아래 통일을 이루는 길이 그것이었다. 이 길은 우리를 사변의 영역에서 끌어내 (비록 추잡하고 더러울지언정) 실질적인 '현실정치'의 더 단단한 땅으로 이끌어준다. 무엇보다 실제로 독일이 걸어간 길이 바로 이 길이었기 때문이다.

프리드리히 2세 이래로 프로이센은 독일을 폴란드처럼 그저 정복해야 할 지역으로, 능력 있는 자가 차지하는 지역으로 간주해왔다. 그러나 [이와 동시에] 평소대로 타국과 분할해야 하는 지역으로 이해해왔다. 타국(특히 프랑스)과 독일을 분할한다는 것은 1740년 이래로 프로이센 식 '독일의 소명'deutsche Beruf이었다. "확실히 나는 당신이 벌려놓은 판에서 게임을 해야 할 것이오. [그러나] 내가 에이스 카드를 잡게 된다면 나눕시다"Je vais, je crois, jouer votre jeu; si les as me viennent, nous partagerons — 바로 이것이 첫 번째 전쟁을 개시하려고 했을 때 프리드리히가 프랑스 대사 보보[마르크 드 보보 후작]에게 한 말이었다. 이 '소명'에 충실하게 실제로 프로이센은 1795년의 바젤 조약에서 …… 독일을 배신했다. [……]

[이하 엥겔스는 프로이센이 주도한 관세동맹의 성사 이후 1840년부터 독일 전역의 공국들이 급격한 경제성장을 일군 프로이센의 정치적 헤게모니를 인정하게 된 과정, 그리고 1860년을 전후로 빌헬름 1세가 자국 자유주의자들의 반

대에도 불구하고 군사력 증강 계획을 강력히 밀어붙이게 된
배경을 서술하고 있다.]

바로 이런 상황에서 비스마르크는 대외 정치에 적극적으
로 관여할 것을 결심한다.

비스마르크는 루이 보나파르트[나폴레옹 3세]이다. 권좌
를 요구한 이 프랑스의 모험주의자가 프로이센의 대지주 융
커Krautjunker이자 독일의 사관후보생으로 둔갑한 꼴이다. 루이
보나파르트처럼 비스마르크 역시 굉장히 뛰어난 현실적 판
단력과 교활함의 소유자로 예리한 장사꾼 기질을 타고났다.
상황이 달랐더라면 뉴욕증권거래소에서 반더빌트 부부3)나
제이 굴드4)의 라이벌이 됐을 법한 인물이다. 그러나 흔히 이
처럼 발달한 현실감각은 그에 상응해 시야를 좁혀놓기도 한
다. 이런 점에서 비스마르크는 저 프랑스의 선행자를 능가했
다. 루이 보나파르트는 망명 시절 동안 그 시절의 흔적이 담
긴 자신의 '나폴레옹적 이념'을 스스로 만들어냈지만, 우리가

---

3) The Vanderbilts. 미국의 선박·철도운송 사업가 코넬리우스(Cornelius
Vanderbilt, 1794~1877)와 그의 부인 소피아(Sophia Johnson, 1795~
1868)를 말한다. 코넬리우스는 저가 정책으로 틈새시장을 침투하는
정책을 추구했는데 소피아는 남편의 사업성장에 큰 힘이 됐다.

4) Jay Gould(1836~1892). 미국의 사업가. 세계최초로 철도사업과 전신
통보사업을 합병한 인물로서 뇌물공세, 불법투기, 편법·부정거래 등
수단방법을 가리지 않는 악덕사업가로도 유명하다.

곧 살펴보게 될 텐데 비스마르크는 자신만의 정치 이념 같은 것을 아무것도 만들어내지 않았다. 비스마르크는 남들이 만들어놓은 이념 중 자신의 목적에 들어맞는 것을 그냥 갖고 와 뒤섞었을 뿐이다. 그렇지만 바로 이런 편협함이 비스마르크의 행운이었다. 이런 편협함이 없었다면 비스마르크는 결코 철저하게 프로이센의 관점에서 전체 역사를 볼 수 없었을 것이다. 그리고 그 자신이 지닌 확고한 프로이센의 전망에 한낮의 밝은 빛이 비집고 들어올 일말의 틈이 있었다면, 비스마르크는 자신의 사명 전체를 완수하는 데 실패했을 것이고, 그 자신의 영광도 끝장났을 것이다. …… 비스마르크의 장사꾼 감각은 필요하다면 융커로서 자신이 갖고 있던 욕구를 억누르도록 가르쳤다. 더 이상 그럴 필요가 없어질 때는 그 욕구가 다시 전면에 뚜렷이 드러났는데, 바로 이것이야말로 비스마르크가 몰락할 징조였음은 두말할 나위가 없다.

[……] 비스마르크의 의지력Willenskraft은 결코 그를 저버리지 않았다. 오히려 그 의지력은 공공연히 잔인함으로 돌변하는 경우가 비일비재했는데, 무엇보다도 이것이야말로 비스마르크가 성공한 비결이다. 독일의 모든 지배계급, 즉 융커들과 부르주아들은 옛날의 활력Energie을 상당 부분 잃어버린 상태였다. 그랬던지라 '교양 있는' 독일인들 사이에서는 아무런 의지도 갖지 않는 것이 일종의 풍습이 된 지 오래였다. 따라서 그들 중 **실제로 의지를 갖고 있는 자**만이 (의지를 갖고 있다

는 바로 그 사실 때문에) 그들 가운데 가장 위대한 인물이자 그들 모두를 지배하는 폭군이 되는 것이다. …… 실제로 '교양 없는' 독일인들 사이에서는 상황이 아직 이 정도 단계에까지 이르지는 않았다. 그래서 독일의 노동자들은 비스마르크의 강력한 의지로서도 이겨낼 수 없는 의지를 자신들이 갖고 있음을 만천하에 보여줄 수 있었던 것이다.

[……] 비스마르크는 기회를 잡았다. 비스마르크가 해야만 했던 일은 실질적인 힘의 상태Machtverhältnisse가 어디에 있는지[누구에게 유리하게 돌아가는지]를 독일 부르주아들에게 가능한 한 가장 선명하게 보여주기 위해서 루이 보나파르트의 쿠데타를 반복하는 것이었다. 비스마르크는 독일의 모든 부르주아들에게 진정한 힘의 균형을 명확히 보여주려고 자유주의적이었던 그들의 자기기만을 강제로 없애버려야만 했다. 단, 그들의 민족적 요구[단일한 국민국가 건설이라는 요구]가 프로이센의 포부[프로이센을 중심으로 한 독일 통일]와 일치하도록 만드는 식으로. 이런 행동의 첫 번째 지렛대가 된 것이 슐레스비히-홀슈타인 문제였다.

[이하 엥겔스는 1864년 2월 16일~8월 1일의 프로이센-덴마크 전쟁을 정리하고 있다. 독일 연방의 일원이던 슐레스비히 공국을 자국 영토로 편입시키려던 덴마크에 맞서 오스트리아와 함께 일으킨 이 전쟁에 승리함으로써 프로이센은 슐

레스비히 공국을 신탁통치할 수 있게 됐고, 프로이센을 도운 오스트리아는 홀슈타인 공국의 신탁통치권을 얻었다.]

이 공국들에서 비스마르크는 독일 부르주아들의 의지를 거슬러 그들의 의지를 [대신] 수행했다. …… [덴마크인들을 독일 영토에서 쫓아냈다는 의미에서] 독일 부르주아들의 민족적 열망을 달성하는 데 상당한 진전이 있었다. 그러나 여기서 선택된 방법[즉, 전쟁]은 부르주아들의 자유주의적 방법이 아니었다. 따라서 프로이센의 군사적 대결은 계속 됐고, 이런 상황은 갈수록 해결될 기미가 없게 됐다. [……]

독일의 부르주아들은 친숙한 모순 속에서 여전히 악전고투를 벌이고 있었다. 한편으로 독일의 부르주아들은 자신들을 위한, 이를테면 의회 내 자유주의적 다수파가 선출한 장관의 배타적 정치권력을 요구했다. …… 다른 한편으로 독일의 부르주아들은 게발트^{Gewalt}에 의해서만, 요컨대 사실상의 독재^{tatsächliche Diktatur}에 의해서만 가능해질 독일의 혁명적 변혁을 요구했다. 그렇지만 이와 동시에 1848년 이래로 독일의 부르주아들은 이런 요구들 중 (둘 모두는 고사하고) 어느 하나라도 달성하는 데 필요한 활력을 자신들이 **전혀 갖고 있지 않다**는 사실을 결정적인 순간마다 누차 드러내고 말았다. 정치에는 두 개의 결정적인 역량^{Mächte}만이 존재한다. 조직화된 국가게발트^{Staatsgewalt}인 군대, 그리고 미조직된 인민 대중의 기초적 게발트. 1848년 이래로 부르주아들은 대중의 관심을 얻는 방법을 잊어버렸다. 부르주아들은 절대주의를 두려워하는 것보다 훨씬 더 대중을 두려워했던 것이다. [게다가] 부르주아들에게는 자기 맘대로 이용할 수 있는 군대가 결코 없었다. 그러나 비스마르크에게는 군대가 있었다.

헌법[군제 개편]을 둘러싼 끊임없는 갈등 속에서 비스마르크는 부르주아들이 의회에서 내건 요구들에 맞서 전력을 다해 끝까지 싸웠다. 그렇지만 [사실상] 부르주아들의 민족적 요구를 수행하려는 욕망에 불타오르기도 했다. 왜냐하면 부르주아들의 요구는 프로이센의 정책이 가장 내밀하게 추구하는 노력과 정확히 일치했기 때문이다. …… 부르주아들은 비스마르크에게 목표를 제공했고, 루이 보나파르트는 그 목표를 달성할 수 있는 방법을 제공했다. 오직 실행만이 비스마르크에게 남아 있었던 셈이다.

프로이센을 독일의 앞자리에 내세우려면 강제로 오스트리아를 독일 연방에서 내쫓는 것뿐만 아니라 [독일 내의] 소국들을 종속시키는 것이 필요했다. 프로이센의 정치에서 독일인들에 대항하는 독일인들의 이 활기차고 즐거운 전쟁은 태곳적부터 영토 확장의 주된 수단이었다. 훌륭한 프로이센인치고 이런 일을 두려워하는 사람은 아무도 없었다. 일말의 불안감이라도 자아낼 수 있는 것이 있다면 그것은 다른 주된 수단, 즉 독일인들에 대항해 외국과 연합하는 것이었다.

[이하 엥겔스는 1866년 6월 14일~8월 23일의 프로이센-오스트리아 전쟁, 1867년 7월 1일의 북독일연방 건설, 1870년 7월 19일~5월 10일의 프로이센-프랑스 전쟁 동안 비스마르크가 선보인 외교적 책략(교전 대상국을 완전히 고립시키기, 주변국들이 중립을 지키게 만들기, 국내의 반발을 무마시키기 등)을 설명하고 있다. 그리고 이 과정에서 비스마르크가 자유주의적 부르주아들의 허세를 완전히 부셔버리고, 그들이 내세운 국가적 목표를 그들 자신보다 훨씬 신속하고 정확하게 이뤄냈음을 다시 한 번 강조하고 있다.]

[이하 엥겔스는 알자스-로렌의 부르주아들이 독일보다는 프랑스에 속하고 싶어 했던 이유를 설명하고 있다.]

비스마르크는 자신의 목표를 달성했다. 비스마르크의 새로운 독일-프로이센 제국은 루이 14세의 호화로운 베르사유 궁전에서 공개적으로 [그 등장이] 선포됐다. …… 독일의 모든 권력은 독재자 비스마르크의 손아귀에 집중됐다. 이제 모든 것은 비스마르크가 자신의 권력으로 할 수 있는 바에 달려 있었다. …… 이제 비스마르크는 자신만의 계획을, 자신만의 머리로 생산할 수 있는 이념을 보여줘야만 했다. 그리고 이 모든 것은 새로운 제국[독일 제국]을 내부적으로 통합하는 데서 그 표현을 찾아야만 했다.

독일 사회는 대지주, 농민, 부르주아지, 프티부르주아지, 노동자로 이뤄져 있다. [……]

연방의회와 주의회 내의 계급구조를 기초하는 것이 바로 이 계급구조이다. 대토지 소유자들과 농민의 일부는 보수파를 이룬다. 산업 부르주아지는 자유주의적 부르주아지의 우파(국민자유당)를 규정한다. 자유주의적 부르주아지의 좌파는 취약한 독일민주당, 혹은 이른바 독일진보당을 이루는데, 부르주아지와 노동계급의 한 분파가 지원해주는 프티부르주아지가 바로 이들로 이뤄져 있다. 마지막으로 노동계급은 자신들만의 독립된 정당, 독일사회민주당을 갖고 있는데 몇몇 프티부르주아들도 여기에 들어가 있다.

당시의 상황 전체를 잘 이해하고 있으며 비스마르크와 같은 위치, 비스마르크와 같은 과거를 가진 사람이라면 융커가 그 자체 독자적으로 생존할 수 있는 계급이 아님을, 모든 소유계급 중 오로지 부르주아지만이 미래에 대한 소유권을 주장할 수 있음을, 따라서 (노동자계급을, 비스마르크 같은 인물에게는 기대할 수 없는 노동자계급의 역사적 임무에 대한 이해를 무시한 채) 새로운 제국이 더 안정적이 될 수 있고 그럴수록 근대적 부르주아 국가로 발전해갈 토대를 더 잘 다질 수 있을 것임을 깨달을 수밖에 없었다. [……]

소유계급의 관점에서 볼 때는 오직 이것만이 합리적인 길이었다. [이와는 달리] 노동자계급의 관점에서 볼 때는 부르주아지의 영속적인 지배가 확립되기에는 너무 늦었음이 명확했다. 대규모 산업, 그와 더불어 부르주아지와 프롤레타리아트가 독일을 만들어가던 시기는 프롤레타리아트가 부르주아지와 거의 동시에 독자적인 세력으로 정치 무대에 들어섰을 무렵, 즉 부르주아지가 배타적이거나 지배적인 정치권력을 정복하기 이전, 두 계급의 투쟁이 이미 시작됐을 무렵이었다. 그러나 1870년 당시 독일의 [상황이] 조용했고 부르주아지의 지배가 확립되어 있었다고 해도, 소유계급 일반의 이익을 위한 최상의 정책은 여전히 부르주아지의 지배를 향해 가는 것이었다. 왜냐하면 오직 이런 방법으로만 (당시까지 법률과 행정조직을 뒤흔들던) 부패해가던 봉건주의 시대의 수많은 잔재를 없앨 수 있고, 그래서 위대한 프랑스 혁명의 모든 성취를 점진적으로 독일에 이식할 수 있었기 때문이다. 요컨대 독일의 낡아빠진 고루한 풍습을 잘라내 버리고, 신중하고도 돌이킬 수 없이 근대로 발전할 수 있는 길을 닦고, 산업의 발전에 걸맞은 정치제도를 도입하기 위해서는 말이다. 결국 **부르주아지와 프롤레타리아트의 투쟁이 피할 수 없게 됐을 때** 적어도 이런 과정이 정상적인 상태로 진행될 것이었다. 그리고 모든 이들이 [당면한] 문제가 무엇인지 깨닫게 되는 것은 우리가 1848년의 독일에서 봤던 무질서, 모호함, 상충하는 이해관계, 당혹스러움의 상태에서가 아니라 바로 이 상태에서였다. 당시와 지금의 유일한 차이점이 있다면 그것은 소유계급만이 예의 당혹스러움을 느낄 것이라는 점이다. 노동자계급은 자신들이 원하는 바를 잘 알게 됐으니 말이다.

실제로 1871년 당시의 독일과 같은 상황에서라면 비스마르크 같은 인물은 다양한 계급들 사이에서 능수능란하게 처신하는 정책을 취할 수밖에 달리 방도가 없었다. 그리고 그럴 때에만 비난받을 여지가 없었을 것이다. 오로지 문제가 되는 것은 이런 정책이 무엇을 추구하느냐이다. 만약 이런 정책이 (일이 돌아가는 속도와 무관하게) 의식적으로 단호하게 부르주아지의 궁극적인 지배를 목표로 한다면, 적어도 소유계급이 볼 때에는 역사의 발전과 보조를 맞춰야만 그런 일이 가능할 것이었다. 만약 독일을 점차 프로이센화하는 식으로 옛 프로이센 국가를 보존하는 것이 목표라면, 이런 정책은 반동적이고 실패할 수밖에 없을 것이었다. 그러나 비스마르크의 지배를 유지하는 것이 목표라면, 이런 정책은 보나파르트적일 뿐이고 일체의 보나파르트주의[나폴레옹 식 독재정치]와 똑같은 종말을 맞이할 수밖에 없을 것이었다.

당시의 당면 과제는 제국헌법이었다. …… 사실상 제국의회5)는 새로운 '통일성'을 대표하는 유일한 기관이었다. 제국의회의 목소리가 더 커지고, 각 지역의 헌법에 비해 제국 헌

---

5) Reichstag. 보통선거권에 의해 선출된 의원들이 일하는 일종의 하원. 자유주의적 부르주아들이 다수를 차지하고 있었다.

법이 더 많은 자유를 허용할수록 새로운 제국은 더 많이 하나로 융합될 것이었다. …… 자기 코앞을 볼 수 있는 사람이라면 이것은 명백한 사실이어야만 했다. 그러나 비스마르크는 상당히 다른 견해를 피력했다. 오히려 비스마르크는 전쟁 이후 고삐가 풀려버린 애국주의적 광란을 활용해, 인민의 권리를 확대하거나 명확히 규정하는 것을 포기하라고 제국의회의 다수를 설득했다. [……]

결과적으로 비스마르크는 국민의 통일을 대표하는 제국의회가 아니라 분리주의적 분열을 대표하는 연방참의회6)에서 지지를 얻어내려고 애썼다. …… 비스마르크에게는 스스로를 진정한 국민의 지도자나 대표자로 내세울 용기가 부족했다. 민주주의는 비스마르크에게 봉사했으나, 비스마르크는 민주주의에 봉사하지 않았다. 다시 말해, 비스마르크는 인민에게 기대기보다는 [정치] 무대 뒤편에서 이뤄지는 은밀한 거래, 제아무리 다루기 힘들지언정 외교라는 수단을 통해(채찍과 당근을 통해) 연방참의회의 다수파를 무찌를 수 있는 자신의 능력에 의존했던 셈이다. 우리 눈앞에 드러난 이 치졸한 생각, 조악한 관점은 우리가 지금까지 파악해온 비스마르크라는 인간의 성격에 꽤 부합한다. [……]

---

6) Bundesrat. 독일 제국 내의 각 주 대표자들이 모이는 의회. 이들은 대부분 이전 공국들의 귀족(혹은 융커)이었다.

[……] 헌법[헌법을 자기에게 유리한 대로 바꾼다는 방책]은 발견되자마자 비스마르크에게는 안성맞춤이었다. 이것은 제국의회의 정당들과 연방참의회의 분리주의적 주들 사이에서 균형을 잡아 개인의 절대적 독재권을 닦을 수 있는 일보 전진이었다. 보나파르트주의로 향해가는 일보 전진.

[이하 엥겔스는 독일 제국에서 비스마르크가 행한 일련의 정책(금본위제 도입, 도량형 통일, 지역 법령과 관련된 법제 정비 등)을 평가하며 비스마르크가 부르주아지와 대지주(융커)의 이해관계 사이에서 갈팡질팡하다가 결국 자신의 출신 배경인 후자의 이해관계를, 궁극적으로 '비스마르크의 당'을 대변하게 됐음을 분석하고 있다. 엥겔스의 원고는 '문화투쟁'Kulturkampf의 성격을 분석하다 중단됐다.]

더 읽을 만한 자료들

1. 폭력과 권력의 관계에 관한 고전적 논의

Edouard Bernstein, *Die Voraussetzungen des Sozialismus und die Aufgaben der Sozialdemokratie* (1899), Hamburg: Rowohlt Tasch -enbuch Verlag, 1969. [강신준 옮김, 『사회주의의 전제와 사회민주 당의 과제』, 한길사, 1999.]

Friedrich Engels, "Herrn Eugen Dührings Umwälzung der Wissen-schaft(Anti-Dühring)"(1875), *Karl Marx-Friedrich Engels Werke*, vol.20, Berlin: Dietz Verlag, 1962. [최인호 옮김, 「오이겐 뒤링 씨 의 과학 변혁(반뒤링)」, 『칼 맑스·프리드리히 엥겔스 저작선집 5』, 박 종철출판사, 1994.]

_____, "Die Rolle der Gewalt in der Geschichte"(1895), *Karl Marx -Friedrich Engels Werke*, vol.21, Berlin: Dietz Verlag, 1962.

Vladimir Ilyich Lenin, "The Collapse of the Second International" (1914), *Collected Works*, vol.21, Moscow: Progress Publishers, 1974. [오영진 옮김, 「제2인터내셔널의 붕괴」, 『제2인터내셔널의 붕 괴 외』, 두레, 1989.]

_____, "Socialism and War"(1915), *Collected Works*, vol.21, Mos -cow: Progress Publishers, 1974. [오영진 옮김, 「사회주의와 전쟁」, 『사회주의와 전쟁 외』, 두레, 1989.]

_____, "The State and Revolution"(1917), *Collected Works*, vol.25, Moscow: Progress Publishers, 1977. [문성원·안규남 옮김, 『국가 와 혁명』, 돌베개, 1992.]

_____, "Marxism and Insurrection"(1917), *Collected Works*, vol.26, Moscow: Progress Publishers, 1972.

_____, "The Proletarian Revolution and the Renegade Kautsky" (1918), *Collected Works*, vol.28, Moscow: Progress Publishers, 1974. [허교진 옮김, 『프롤레타리아 혁명과 배신자 카우츠키』, 소나무, 1988.]

_____, "A Great Beginning: Heroism of the Workers in the Rear 'Communist subbotniks'"(1919), *Collected Works*, vol.29, Moscow: Progress Publishers, 1972.

_____, "Economics and Politics in the Era of the Dictatorship of the Proletariat"(1919), *Collected Works*, vol.30, Moscow: Progress Publishers, 1965.

_____, "A Publicist's Notes"(1920), *Collected Works*, vol.30, Moscow: Progress Publishers, 1965.

_____, "Left-Wing Communism: An Infantile Disorder"(1920), *Collected Works*, vol.31, Moscow: Progress Publishers, 1964. [김남섭 옮김, 『공산주의에서의 좌익 소아병』, 돌베개, 1992.]

_____, "Eleventh Congress of the R.C.P.(B.)"(1922), *Collected Works*, vol.33, Moscow: Progress Publishers, 1965.

_____, "Philosophical Notebooks"(1895~1916), *Collected Works*, vol.38, Moscow: Progress Publishers, 1976. [홍영두 옮김, 『철학 노트』, 논장, 1989.]

Rosa Luxemburg, "Die Krise der Sozialdemokratie"(1916), *Gesammelte Werke*, vol.4, Berlin: Dietz Verlag, 1974.

_____, "Zur russischen Revolution"(1918), *Gesammelte Werke*, vol.4, Berlin: Dietz Verlag, 1983.

Karl Marx, "Das Elend der Philosophie"(1847), *Karl Marx-Friedrich Engels Werke*, vol.4, Berlin: Dietz Verlag, 1972. [최인호 옮김, 「철학의 빈곤: 프루동의 《빈곤의 철학》에 대한 응답[발췌]」, 『칼 맑스·프리드리히 엥겔스 저작선집 1』, 박종철출판사, 1991.]

_____, "Manifest der Kommunistischen Partei"(1848), *Karl Marx-Friedrich Engels Werke*, vol.4, Berlin: Dietz Verlag, 1972. [최인호 옮김, 「공산주의당 선언」, 『칼 맑스·프리드리히 엥겔스 저작선집 1』, 박종철출판사, 1991.]

_____, "Der Prozeß gegen den Rheinischen Kreisausschuß der Demokraten"(1849), *Karl Marx-Friedrich Engels Werke*, vol.6, Berlin: Dietz Verlag, 1959. [최인호 옮김, 「라인 지구 민주주의자 위원회에 대한 재판」, 『칼 맑스·프리드리히 엥겔스 저작선집 1』, 박종철출판사, 1991.]

_____, "Der 18te Brumaire des Louis Napoleon"(1852), *Karl Marx-Friedrich Engels Werke*, vol.8, Berlin: Dietz Verlag, 1960. [임지현·이종훈 옮김, 「루이 보나빠르뜨의 브뤼메르 18일」, 『프랑스 혁명사 3부작』, 소나무, 1987; 최인호 옮김, 같은 글, 『칼 맑스·프리드리히 엥겔스 저작선집 2』, 박종철출판사, 1991.]

_____, *Resultate des unmittelbaren Produktionsprozesses: VI. Kapital des Kapitals*(1863~65), Frankfurt: Verlag Neue Kritik, 1969. [김호균 옮김, 「직접적 생산의 제결과」, 『경제학 노트』, 도서출판 이론과실천, 1988.]

_____, "Das Kapital, Bd.1"(1867), *Karl Marx-Friedrich Engels Werke*, vol.23, Berlin: Dietz Verlag, 1962. [강신준 옮김, 『자본 1』(전2권), 도서출판 길, 2008.]

_____, "Der Bürgerkrieg in Frankreich"(1871), *Karl Marx-Friedrich Engels Werke*, vol.17, Berlin: Dietz Verlag, 1962. [이수흔 옮김, 「프랑스에서의 내전」, 『칼 맑스·프리드리히 엥겔스 저작선집 4』, 박종철출판사, 1995.]

Maximilien Robespierre, "Réponse à l'accusation de J.-B. Louvet" (Discours du 5 novembre 1792), *Textes choisis*, vol.2, éd. Jean Poperen, Paris: Éditions Sociales, 1957.

Georges Sorel, *Réflexions sur la violence*(1908), Paris: Seuil, 1990. [이용재 옮김, 『폭력에 대한 성찰』, 나남, 2007.]

Max Weber, *Oeuvres politiques*(1895–1919), éd. Élisabeth Kauff-
mann, Paris: Albin Michel, 2004.

2. 프롤레타리아트 정치와 폭력의 정치

Theodor W. Adorno, "Was bedeutet: Aufarbeitung der Vergangen-
heit?"(1959), *Gesammelte Schriften*, vol.10-2, hrsg. Rolf Tiede-
mann, Frankfurt/Main: Suhrkamp, 1977.

_____, (with Else Frenkel-Brunswik, Daniel Levinson, and Nevitt
Sanford) *The Authoritarian Personality*, New York: Harper and
Row, 1950.

Hannah Arendt, *The Origins of Totalitarianism*(1951), New York:
Schocken, 2004. [이진우·박미애 옮김, 『전체주의의 기원』(전2권),
한길사, 2006.]

_____, *Between Past and Future*(1961), New York: The Penguin
Press, 1968. [서유경 옮김, 『과거와 미래 사이: 정치사상에 관한 여
덟 가지 철학연습』, 푸른숲, 2005.]

Georges Bataille, "La structure psychologique du fascisme"(1934),
Oeuvres complètes, vol.1, Paris: Gallimard, 1970.

Walter Benjamin, "Zur Kritik der Gewalt"(1921), *Gesammelte Schri
-ften*, vol.II-1, hrsgs. Rolf Tiedemann und Hermann Schweppen
-häuser, Frankfurt/Main: Suhrkamp, 1999. [진태원 옮김, 「폭력의
비판을 위하여」, 자크 데리다, 『법의 힘』, 문학과지성사, 2004; 최성
만 옮김, 「폭력비판을 위하여」, 『역사의 개념에 대하여 외』, 도서출
판 길, 2008.]

_____, "Über den Begriff der Geschichte"(1939), *Gesammelte
Schriften*, vol.II-2, hrsgs. Rolf Tiedemann und Hermann Schwe-
ppenhäuser, Frankfurt/Main: Suhrkamp, 19 91. [최성만 옮김, 「역
사의 개념에 대하여」, 『역사의 개념에 대하여 외』, 도서출판 길, 2008;
반성완 옮김, 같은 글, 『발터 벤야민의 문예이론』, 민음사, 1983.]

Albert Camus, *Oeuvres complètes*, vol.5, Paris: Éditions du Club de l'Honnête Homme, 1983.

Shripat Amrit Dange, *Gandhi vs Lenin*, Bombay: Liberty Publishers, 1921.

Régis Debray, *Révolution dans la révolution?: Lutte armée et lutte politique en Amériqiue latine*, Paris: Maspero, 1967. [석탑편집부 옮김,『혁명 중의 혁명』, 석탑출판사, 1987.]

＿＿＿＿, *La Critique des armes*, vol.1, Paris: Seuil, 1974.

Frantz Fanon, *Peau noire, masques blancs*, Paris: Seuil, 1952. [이석호 옮김,『검은 피부, 하얀 가면』, 인간사랑, 1998.]

＿＿＿＿, *Les Damnés de la Terre*, Paris: La Découverte, 1961. [남경태 옮김,『대지의 저주받은 사람들』, 그린비, 2004.]

Antonio Gramsci, *Quaderni del carcere* (1929~1935), 4 vols., Torino: Einaudi, 2007. [이상훈 옮김,『옥중수고』(전2권), 거름, 2007.]

＿＿＿＿, *Écrits politiques*, 3 vols, Paris: Gallimard, 1974~80.

Ernesto 'Che' Guevara, *Guerrilla Warfare*, New York: Monthly Review, 1961.

Eric Hobsbawm, *Primitive Rebels: Studies in Archaic Forms of So -cial Movement in the 19th and 20th Centuries*, Manchester: Manchester University Press, 1959. [진철승 옮김,『반란의 원초적 형태: 자본주의 발전에 따른 유럽 소외 지역 민중운동의 제형태』, 온 누리, 2011[1984].]

Wilhelm Reich, *Die Massenpsychologie des Faschismus* (1933), Köln: Kiepenheuer und Witsch, 1971. [황선길 옮김,『파시즘의 대 중심리』, 그린비, 2006.]

Carl Schmitt, *Der Begriff des Politischen* (1927), Berlin: Duncker & Humblot, 2009. [김효전 옮김,『정치적인 것의 개념』(서문과 세 개 의 계론을 수록한 1932년판), 법문사, 1992.]

＿＿＿＿, *Theorie des Partisanen* (1963), Berlin: Duncker & Humblot, 2002. [김효전 옮김,『파르티잔』, 문학과지성사, 1998.]

Mao Tse-tung, "Problems of Strategy in China's Revolutionary War" (1936), *Selected Works*, vol.1, Peking: Foreign Languages Press, 1965. [김승일 옮김, 「중국 혁명전쟁의 전략 문제」, 『모택동 선집 1』, 범우사, 2001.]

_____, "On Protracted War" (1938), *Selected Works*, vol.2, Peking: Foreign Languages Press, 1965. [김승일 옮김, 「지구전을 논함」, 『모택동 선집 2』, 범우사, 2002.]

Simone Weil, "*L'Illiade* ou le poème de la force" (1940~41), *Oeuvres*, Paris: Gallimard, 1999; *Simone Weil's The Iliad or the Poem of Force*, ed. James Holoka, Oxford: Peter Lang, 2003.

3. 주권, 권력, 폭력의 아포리아

Giorgio Agamben, *Homo sacer: Il potere sovrano e la nuda vita*, Torino: Einaudi, 1995. [박진우 옮김, 『호모 사케르: 주권권력과 벌거벗은 생명』, 새물결, 2008.]

_____, *Stato di Eccezione*, Torino: Bollati Boringhieri, 2003. [김항 옮김, 『예외상태』, 새물결, 2009.]

Étienne Balibar, *Sur la dictature du prolétariat*, Paris: Maspero, 1976. [최인락 옮김, 『민주주의와 독재』, 연구사, 1988.]

_____, "Dictature du prolétariat," "Luttes de classes," "Pouvoir," *Dictionnaire critique du marxisme*, dir. Georges Labica et Gérard Bensussan, Paris: PUF, 1982.

_____, "Spinoza, l'anti-Orwell: La crainte des masses," *Les Temps Modernes*, no.470, septembre, 1985. [진태원 옮김, 「스피노자, 반(反)오웰: 대중들의 공포」, 『스피노자와 정치』, 이제이북스, 2005; 최원 옮김, 같은 글, 『대중들의 공포』, 도서출판b, 2007.]

_____, "Trois concepts de la politique: Émancipation, transformation, civilité," *Les Temps Modernes*, no.587, mars-mai, 1986. [서관모·최원 옮김, 「정치의 세 개념: 해방, 변혁, 시민인륜」, 『대중들의 공포』, 도서출판b, 2007.]

_____, "'Droits de l'homme' et 'droits du citoyen': La dialectique moderne de l'égalité et de la liberté," *Actuel Marx*, vol.8, no.2, 1990. [윤소영 옮김, 「인권과 시민권: 평등과 자유의 현대적 변증법」, 『인권의 정치와 성적 차이』, 공감, 2005.]

_____, "Violence et politique: Quelques questions," *Le Passage des frontières*, éd. Marie-Louise Mallet, Paris: Galilée, 1994. [윤소영 옮김, 「반폭력과 인권의 정치」, 『마르크스의 철학, 마르크스의 정치』, 문화과학사, 1995.]

_____, "Violence: Idealité et cruauté," *La Crainte des masses: Poliique et philosophie avant et après Marx*, Paris: Galilée, 1997. [서관모·최원 옮김, 「폭력: 이상성과 잔혹」, 『대중들의 공포』, 도서출판b, 2007.]

_____, *La philosophie de Marx*, Paris: La Découverte, 1993. [윤소영 옮김, 『마르크스의 철학, 마르크스의 정치』, 문화과학사, 1995.]

_____, "Sed intelligere," *Lignes*, no.4, 2001.

_____, *Nous, citoyens d'Europe?: Les frontières, l'État, le peuple*, Paris: La Découverte, 2001. [진태원 옮김, 『우리, 유럽의 시민들?: 세계화와 민주주의의 재발명』, 후마니타스, 2010.]

_____, "De la préférence nationale à l'invention de la politique," *Droit de cité: Culture et politique en démocratie*, Paris: PUF, 2002. [진태원 옮김, 「국민 우선에서 정치의 발명으로」, 『정치체에 대한 권리』, 후마니타스, 2011.]

_____, "Arendt, le droit aux droits et la désobéissance civique," *La Proposition de l'égaliberté*, Paris: PUF, 2010. [진태원 옮김, 『평등자유 명제』, 그린비, 근간.]

Joan V. Bondurant, *Conquest of Violence: The Gandhian Philosophy of Conflict*, Princeton, NJ: Princeton University Press, 1988. [유성민 옮김, 『간디의 철학과 사상』(개정판), 현대사상사, 1991.]

Teresa Caldeira, *City of Walls: Crime, Segregation, and Citizenship in São Paulo*, Berkeley: University of California Press, 2000.

Omar Carlier, "Violence(s)," *La Guerre d'Algérie, 1954-2004: La fin de l'amnésie*, dir. Mohammed Harbi et Benjamin Stora, Paris: Robert Laffont, 2004.

David Carroll, *Albert Camus the Algerian: Colonialism, Terrorism, Justice*, New York: Columbia University Press, 2008.

Marie-Claire Caloz-Tschopp, *Les Sans-États dans la philosophie d'Hannah Arendt*, Paris: Payot, 2000.

Bipan Chandra, *Indian National Movement: The Long Term Dynam-ics*, New Delhi: Vikas Publishing House, 1988.

Alessandro Dal Lago, *Non-persone: L'esclusione dei migranti in una socitàa globale*, Milano: Feltrinelli, 1999.

Gilles Deleuze et Félix Guattari, *Mille Plateaux: Capitalisme et schi-zophrénie 2*, Paris: Minuit, 1980. [김재인 옮김, 『천 개의 고원』, 새물결, 2001.]

Jacques Derrida, *Spectres de Marx*, Paris: Galilée, 1993. [진태원 옮김, 『마르크스의 유령들』, 이제이북스, 2007; 『마르크스의 유령들』(개정판), 그린비, 근간.]

_____, *Force de loi*, Paris: Galilée, 1994. [진태원 옮김, 『법의 힘』, 문학과지성사, 2004.]

_____, "L'animal que donc je suis," *L'animal autobiographique*, éd. Marie-Louise Mallet, Paris: Galilée, 1999

_____, *États d'âme de la psychanalyse*, Paris: Galilée, 2000.

_____, *Marx & Sons*, Paris: Galilée, 2002. [진태원 옮김, 「마르크스의 아들들」, 『마르크스주의와 해체』, 도서출판 길, 2009.]

_____, *L'animal que donc je suis*, Paris: Galilée, 2006.

Roberto Esposito, *Categorie dell'impolitico*, Bologna: Il Mulino, 1988.

_____, *Nove pensieri sulla politica*, Bologna: Il Mulino, 1993.

Michel Foucault, "Des espaces autres," *Dits et Écrits*, vol.4: 1967-84, Paris: Gallimard, 1984.

_____, *Les anormaux: Cours au Collège de France, 1974-1975*, Paris: Gallimard, 1999. [이재원 옮김, 『비정상인들: 콜레주드프랑스 강의, 1974~75년』, 도서출판 난장, 근간.]

_____, *"Il faut défendre la société": Cours au Collège de France, 1975-1976*, Paris: Gallimard, 1997. [김상운 옮김, 『"사회를 보호해야 한다": 콜레주드프랑스 강의, 1975~76년』, 도서출판 난장, 2015.]

Heide Gerstenberger, *Die subjektlose Gewalt: Theorie der Entste-hung bürgerlicher Staatsgewalt*, Münster: Westfälisches Dampf-boot, 1990.

Anthony Giddens, *A Contemporary Critique of Historical Material-ism*, vol.2: The Nation State and Violence, Cambridge: Polity, 1985. [진덕규 옮김, 『민족국가와 폭력』, 삼지원, 1991.]

Robert Linhart, *Lénine, les paysans, Taylor: Essai d'analyse matérial-iste historique de la naissance du système productif soviétique*, Pairs: Seuil, 1976.

Georg Rusche and Otto Kirchheimer, *Punishment and Social Struc-ture*, New York: Columbia University Press, 1939.

Antonio Negri, *La forma-Stato: Per la critica dell'economica politica della Costituzione*, Milan: Feltrinelli, 1977. [이원영 옮김, 『디오니소스의 노동』(전2권), 갈무리, 1996~97.]

Mario Tronti, *Sogetto, crisi, potere*, a cura di Alessandro Pazzini e Antonio De Martinis, Bologne: Capelli, 1980.

4. 근본악으로서의 폭력과 윤리

Robert Antelme, *L'espèce humaine*, Paris: Gallimard, 1957.

Alain Badiou, *L'Éthique: Essai sur la conscience du mal*, Paris: Hati-er, 1993. [이종영 옮김, 『윤리학: 악에 대한 의식에 관한 에세이』, 동문선, 2001.]

Zygmunt Bauman, *Modernity and the Holocaust*, Ithaca, NY: Cor-nell University Press, 1989.

Varlam Chalamov, *Récits de Kolyma, trad. Olivier Simon et Katia Kérel*, Paris: Denoël, 1969.

Gilles Deleuze, *Spinoza et le problème de l'expression*, Paris: Minuit, 1968. [이진경·권순모 옮김, 『스피노자와 표현의 문제』, 인간사랑, 2003.]

Dominick LaCapra, "Lanzmann's Shoah: 'Here There Is No Why'," *History and Memory after Auschwitz*, Ithaca, NY: Cornell University Press, 1998.

Claude Lanzmann, *Shoah*, préface de Simone de Beauvoir, Paris: Fayard, 1985.

Primo Levi, *I sommersi e i salvati*, Torino: Einaudi, 1986.

Emmanuel Levinas, "Paradox of Morality: An Interview with Emma -nuel Levinas," *The Provocation of Levinas: Rethinking the Other*, London: Routledge, 1988.

Achille Mbembe, *De la postcolonie: Essai sur l'imagination politique dans l'Afrique contemporaine*, Paris: Karthala, 2000; *On the Postcolony*, Berkeley: University of California Press, 2001.

Adi Ophir, "Between Eichmann and Kant: Thinking on Evil after Arendt," *History and Memory*, vol.8, no.2, 1996.

＿＿＿＿, *The Order of Evils: Toward an Ontology of Morals*, New York: Zone Books, 2005.

Edward Said, *Culture and Imperialism*, New York: Vintage, 1994. [박홍규 옮김, 『문화와 제국주의』, 교보문고, 2005.]

Gayatri Spivak, "Can the Subaltern Speak?" *Marxism and the Interpretation of Culture*, eds. Cary Nelson and Lawrence Grossberg, Chicago: University of Illinois Press, 1988. [태혜숙 옮김, 「하위주체가 말할 수 있는가?: 다원주의의 문제들」, 『세계사상』(통권4호/봄), 동문선, 1998.]

Nathan Wachtel, *La vision des vaincus: Les Indiens du Pérou devant la conquête espagnole*, Paris: Gallimard, 1971.

5. 기타 참고문헌

Luca Basso, "The Ambivalence of Gewalt in Marx and Engels: On Balibar's Interpretation," *Historical Materialism*, vol.17, no.2, Leiden: Koninklijke Brill NV, 2009.

Robert Brécy, *La Grève générale en France*, préface de Jean Maitron, Paris: Études et documentation internationales, 1969.

Robert Castel, *La Gestion des risques: De l'anti-psychiatrie à l'après-psychanalyse*, Paris: Minuit, 1981.

Collectif, "*Dictionnaire de la violence*, sous la direction de Michela Marzano, Paris: PUF, 2011.

Gilles Deleuze, "Post-scriptum sur les sociétés de contrôle," *Pourparlers, 1972-1990*, Paris: Minuits, 1990. [김종호 옮김, 「추신: 통제사회에 대하여」, 『대담 1972-1990』, 솔, 1992.]

Henri Dubief, *Le Syndicalisme révolutionnaire*, Paris: Armand Colin, 1969.

Werner Hamacher, "Afformative, Strike," *Walter Benjamin's Philosophy*, eds. Andrew Benjamin and Peter Osborne, London: Routledge, 1994.

G. W. F. Hegel, "Phänomenologie des Geistes"(1807), *Gesammelte Werke*, bd.9. Hamburg: Felix Meiner, 1980. [임석진 옮김, 『정신현상학』(전2권), 한길사, 2005.]

_____, *Die Vernunft in der Geschichte*(1822~1830), Frankfurt/Main: Suhrkamp, 1970. [임석진 옮김, 『역사 속의 이성: 역사철학 서론』, 지식산업사, 1992.]

Michel Henry, *Marx*, 2 vols. (1: Une philosophie de la réalité, 2: Une philosophie de l'économie), Paris: Gallimard, 1976; rééd., collection "Tel", Paris: Gallimard, 1991.

Maurice Meisner, *Marxism, Maoism, and Utopianism*, Madison: University of Wisconsin Press, 1982. [김광린·이원웅 옮김, 『모택동 사상과 마르크스주의』, 남명문화사, 1987.]

Sven Papcke, *Progressive Gewalt: Studien zum sozialen Widerstands-recht*, Frankfurt: Fischer, 1972.

Fred Poché, "De l'espace comme exigence sociale," *La Question de l'humain entre l'éthique et l'anthropologique*, dir. Alfredo Gomez -Muller, Paris: L'Harmattan, 2004.

John Rawls, *A Theory of Justice*, Cambridge, MA: Harvard University Press, 1971. [황경식 옮김, 『정의론』, 이학사, 2003.]

Massimiliano Tomba, "Another Kind of Gewalt: Beyond Law. Re-reading Walter Benjamin," *Historical Materialism*, vol.17, no.1, Leiden: Koninklijke Brill NV, 2009.

Max Weber, "Politik als Beruf," *Gesammelte Politische Schriften*, hrsg. Johannes Winckelmann, Tübingen: Mohr, 1988. [이상률 옮김, 『직업으로서의 학문/직업으로서의 정치』, 문예출판사, 1999.]

Heinrich August Winkler, *Der Lange Weg nach Westen*, vol.1: Deu -tsche Geschichte vom Ende des Alten Reiches bis zum Unter -gang der Weimarer Republik, München: C. H. Beck, 2000.

진태원, 「폭력의 쉬볼렛: 벤야민, 데리다, 발리바르」, 『세계의 문학』 (봄/통권135호), 2010.

옮긴이 후기

이 책은 프랑스의 맑스주의 정치철학자 에티엔 발리바르의 논문 두 편을 번역한 것이다. 첫 번째 논문은 볼프강 프리츠 하우크가 편집한 『맑스주의 역사적·비판적 사전』에 수록된 「게발트」(2001)이며, 두 번째 논문은 (2003년 파리 가톨릭대학교의 콜로퀴엄에서 발표된 것으로) 알프레도 고메즈-뮐러가 편집한 『윤리학과 인간학 사이에서 인간의 문제』에 수록된 「폭력과 시민다움」(2003)이다.[1] 발리바르가 제시하는 폭력론의 특성을 잘 보여주는 이 논문들은 그 자체로도 의미 있고 중요하지만, 맑스주의 이론사를 폭력의 관점에서 재고찰하고 (극단적) 폭력에 관한 동시대 논의의 철학적·정치적 쟁점을 성찰할 수 있는 기회를 제공해준다는 점에서 국내의 논의에 적지 않은 기여를 할 수 있을 것이다.[2]

---

1) Wolfgang Fritz Haug, hrsg., *Historisch-Kritisches Wörterbuch des Marx -ismus*, Bd.5: Gegenöffentlichkeit bis Hegemonoalapparat, Hamburg: Argument Verlag, 2001; Alfredo Gomez-Muller, dir., *La question de l'humain entre l'éthique et l'anthropologie*, Paris: L'Harmattan, 2004.

폭력이라는 문제는 자명한 문제이거나 무기력한 문제가 되기 쉽다. 폭력의 문제가 자명한 문제인 이유는 폭력을 비판하거나 폭력에 반대하는 것이 당연한 일로 간주되기 때문이다. 그리고 폭력을 비판하거나 반대하는 것이 당연한 일로 간주되는 이유는 폭력이 현대 사회의 가장 기본적인 문명 원칙인 인간의 권리, 인간의 존엄성을 훼손한다고 여겨지기 때문이다. 반대로 폭력의 문제가 무기력한 문제로 간주되는 이유는 폭력이라는 것에 대해 딱히 대응할 만한 방법이 존재하

---

2) 이 논문들은 발리바르의 최근 저작에 재수록됐다(조만간 옮긴이의 번역으로 소개될 예정이다). Étienne Balibar, *Violence et civilité: Welleck Library Lectures et autres essais de philosophie politique*, Paris: Galilée, 2010. 「폭력과 정치: 몇 가지 질문들」(1992)에서부터 「전쟁과 정치: 클라우제비츠적인 변주」(2006)에 이르기까지 지난 15년 동안 발리바르가 폭력에 관해 썼던 논문들을 묶은 이 책의 핵심은 1부인 웰렉도 서관 강의이다. 지난 1996년 미국 캘리포니아대학교 어바인 캠퍼스에서 행한 이 강의는 토머스 홉스와 G. W. F. 헤겔에서부터 지그문트 프로이트, 자크 라캉, 미셸 푸코, 질 들뢰즈와 펠릭스 가타리, 자크 데리다, 조르조 아감벤 등의 저작을 검토하며 폭력의 목적론을 의미하는 '전환'(conversion) 개념, 극단적 폭력과 잔혹, 시민다움의 전략에 관해 체계적으로 서술하고 있다는 점에서 발리바르의 폭력론을 집약하는 텍스트라고 할 수 있다. 그밖에도 이 책에는 (특히 파시즘의 동시대적 부활이라는 정세와 관련해) 칼 슈미트의 홉스 독해에 담긴 현대적 의의와 한계를 다루는 논문, 블라디미르 일리치 레닌과 마하트마 간디를 비교·검토하는 논문 등도 포함되어 있다. 이 중 프랑스의 스리지에서 열린 데리다 관련 학술회의에서 발표된 「폭력과 정치」는 이미 국역된 바 있다. 윤소영 옮김, 「반폭력과 인권의 정치」, 『마르크스의 철학, 마르크스의 정치』, 문화과학사, 1995.

지 않기 때문이다. 개인적이거나 집단적인 폭력에 직면했을 때 사람들이 가장 널리 의지하는 것은 법과 공권력이다. 그런데 법과 공권력 자체가 또 하나의 폭력이라면, 곧 법과 공권력 자체가 지배를 위한 수단이라면, 인권과 인간의 존엄성을 침해하는 또 다른 폭력이라면 어떻게 할 것인가?

20세기 초에 이미 막스 베버가 국가란 "적법한 (또는 적법하다고 간주되는) 폭력Gewalt이라는 수단에 기반해 성립되는 인간의 인간에 대한 지배관계"라고 규정했거니와, 독일의 비평가·철학자 발터 벤야민은 「폭력의 비판을 위하여」(1921)에서, 그리고 자크 데리다는 『법의 힘』(1990)[3]에서 각각 불법적인 폭력 대 정당한 공권력이라는 구도의 허구성을 날카롭게 드러낸 바 있다.[4] 따라서 공권력 역시 불법적인(또는 불법적이라고 간주되는) 폭력과 마찬가지로 하나의 폭력이라면, 폭력에 직면했을 때 우리가 의지할 수 있는 수단은 또 하나의 폭력 이외에 별다른 방법이 없는 셈이다. 그렇다면 폭력의 문제는 비폭력의 자명함과 대항폭력에 의존할 수밖에 없는 무기력함 사이에서 순환하는 듯이 보인다. 이런 상황에서 폭력의 문제를 현대 정치의 핵심 쟁점으로 간주하는 것은 다

---

3) 발터 벤야민, 진태원 옮김, 「폭력의 비판을 위하여」, 자크 데리다, 『법의 힘』, 문학과지성사, 2004.

4) 이 점에 관해서는 다음을 참조하라. 진태원, 「폭력의 쉬볼렛: 벤야민, 데리다, 발리바르」, 『세계의 문학』(봄/통권135호), 민음사, 2010.

소 엉뚱한 발상으로 보일 수 있다. 하지만 발리바르에 따르면 폭력의 문제, 특히 극단적 폭력의 문제는 "정치라는 개념 자체의 개조"[5]를 요구하는 문제이다. 거꾸로 말하면, 발리바르의 폭력론은 발리바르 정치철학의 개념적 독창성과 이론적 적합성을 측정해볼 수 있는 시금석이다. 실제로 폭력에 관한 발리바르의 사유는 동시대의 다른 철학자들과 뚜렷이 구별되는 특징을 지니고 있으며, 그것은 발리바르의 정치철학에서 핵심적인 독창성을 이룬다.

첫 번째 독창성은 폭력의 문제를 맑스주의의 아포리아, 또는 맑스주의의 역사적 모순이라는 문제와 긴밀하게 결부시켜 사유한다는 점이다. 가령 폭력이라는 주제는 데리다[6]나 조르조 아감벤[7] 같은 철학자들의 정치사상에서 핵심 주제를 이루고 있으며 두 사람 모두 폭력의 문제를 해방의 관점에서 사유하지만, 이들은 맑스주의와는 다소 거리가 있는 문제설정에 입각해 있다. 반면 발리바르는 「게발트」만이 아니라 다른 여러 글에서도 늘 맑스주의를 몰락하게 만든(따라서 그것이 재개되기 위해 해결되어야 하는) 아포리아라는 관

---

5) Balibar, *Violence et civilité*, p.42.
6) 특히 『법의 힘』을 비롯해 다음의 책들도 참조하라. 자크 데리다, 진태원 옮김, 『마르크스의 유령들』(개정판), 그린비, 근간; Jacques Derrida, *Voyous: Deux essais sur la raison*, Paris: Galilée, 2003.
7) 조르조 아감벤, 박진우 옮김, 『호모 사케르: 주권 권력과 벌거벗은 생명』, 새물결, 2008; 김항 옮김, 『예외상태』, 새물결, 2010.

점에서 폭력의 문제를 다룬다. 현대 정치철학의 동향에 대해 얼마간 지식이 있는 사람이라면 알 수 있듯이, 여전히 맑스주의의 역사(그 쟁점과 모순)를 사유의 대상으로 삼는다는 것 자체가 매우 이례적인 일이거니와, 폭력이라는 주제를 중심으로 그 역사를 고찰한다는 것은 맑스주의에 대한 오랜 천착과 더불어 상당한 지적 용기가 수반되지 않고서는 불가능한 일이다. 따라서 발리바르가 제시하는 폭력론의 첫 번째 독창성은 폭력의 문제를 맑스주의의 역사적 모순의 핵심으로 다룬다는 점에서 찾아야 마땅할 것이다.

두 번째, 발리바르의 폭력론은 폭력의 문제를 **정치를 불가능하게 만드는 조건**이라는 관점에서 사유한다는 특징이 있다. 다른 말로 하면, 폭력을 대항폭력이나 비폭력의 관점에서 다루지 않고 **반̇폭력의 문제설정**에 따라 사유한다는 뜻이다.

폭력을 대항폭력의 문제로 간주하는 것은 폭력을 **하나의 독자적인 이론적 문제로 간주하지 않음**을 의미한다. 그럴 수밖에 없는 것이 폭력의 문제를 대항폭력의 문제로 간주하게 되면, 가능한 선택지는 두 개밖에 안 남기 때문이다. 하나는 자연주의적 관점으로, 이 관점에 따르면 정치의 문제는 순수한 힘의 문제가 된다. 자연생태계 속에서 강한 것이 약한 것을 지배하듯이 인간의 역사에서도 두 개(또는 그 이상)의 세력이 벌이는 무력 다툼만이 존재할 뿐이며, 거기에는 아무런 궁극적인 정당성이나 부당성의 문제도 존재하지 않는다(또는 정당성이나 부당성의 문제를 최종심급에서 결정하는 것은 힘의 크기이다). 고전적인 맑스주의로 대표되는 다른 관점은 지배세력의 구조적 폭력에 맞서는 피지배자들의 폭력적 저항, 특히 자본주의적 폭력에 맞서는 노동자계급·피지배계급의 대항폭력은 언제나 정당하다고 주장한다. 왜냐하면 그런 대항폭력은 착취 없고 지배 없는 사회의 건설을 목표로 삼기 때문이다. 곧 **목적의 정당성이 수단의 정당성을 결정하는 것**이다. 따라서 폭력은 **수단 내지 전술의 문제**일 뿐 독자적인 이론적 대상이 되지 않는다. 명시적으로 표현되지는 않을지라도 오늘날까지 상당수의 좌파 이론가들이나 활동가들은 이런 관점을 공유한다. 그런데 발리바르는 바로 이런 관점에서 맑스주의를 역사적 몰락으로 이끈 궁극적 원인 중 하나를 발견한다.

반대로 비폭력의 관점은 도덕적이거나 종교적인 관점에서 폭력 자체를 죄악시하거나 금기시한다. 비폭력의 입장에서 보면 폭력은 악의 구현물과 다르지 않다. 곧 비폭력의 관점은, 목적이 정당한 것이든 부당한 것이든 간에 폭력은 그 자체로 나쁜 것이고 악한 것이기 때문에 절대 허용할 수 없다는 입장을 취한다. 따라서 비폭력의 관점 기저에 존재하는 것은 형이상학적인 선악 이분법이라고 할 수 있다.[8] 하지만

---

8) 악에 맞서 인간의 존엄성 내지 인권을 옹호하려는 비폭력적 입장에 반대해 선의 존재론적 우선성에 기반을 둔 윤리학(따라서 선에 근거한 폭력의 정당성)을 옹호하려는 알랭 바디우(또는 다소 다른 관점에서이긴

발리바르의 관점에 따르면, 폭력은 역사의 '동력' 중 하나이며 고유한 '창조성'을 지닌다. 따라서 발리바르는 폭력을 무차별적인 비난의 대상으로 간주하는 비폭력의 관점에 원칙적으로 반대한다. 다만 마하트마 간디가 주창했던 비폭력 운동은 제국주의적 지배와 폭력에 맞선 **정치투쟁**의 일종이기 때문에 시민다움의 전략 중 하나로서 독자적으로 고찰할 필요가 있으며, 블라디미르 일리치 레닌(또는 마오쩌둥) 등이 발전시킨 바 있는 맑스주의 전통 안의 시민다움 전략과 대조해 볼 필요성이 있다고 본다.9)

이런 관점들과 달리 발리바르는 폭력의 문제를 정치를 불가능하게 만드는 조건이라는 문제로 다룬다. 즉, 폭력의 문제란 정치라는 일차적 수준의 활동을 가능케 하거나 불가능하게 만드는 조건과 관련된 **이차 수준의 쟁점**이라는 것이다. '이차 수준의 쟁점'이라는 표현이 뜻하는 바는 이렇다. 정치(특히 고전적 의미에서 해방의 정치)가 가능하기 위해서는 그것을 수행할 수 있는 정치적 주체가 존재해야 한다. 그것이 프

하지만 슬라보예 지젝) 같은 입장도 존재할 수 있다. 발리바르는 이런 관점의 문제점 역시 비판하고 있다.

9) Étienne Balibar, "Lénine et Ghandi," *Violence et civilité*, op. cit. 또한 간디와 마오의 공통점을 지적하는 다음의 대담도 참조하라. Cécile Lavergne et Pierre Sauvêtre, "Pour une phéoméologie de la cruauté: Entretien avec Étienne Balibar," *Tracés: Revue de Sciences humaines*, no.19, Paris: ENS Éditions, 2010.

롤레타리아트이든 민중이든 아니면 시민이든 간에, 정치를 수행할 수 있는 주체가 성립하지 않는 한 정치가 작용할 수 있는 가능성은 존재하지 않는다. 그런데 발리바르가 보기에 폭력, 특히 자신이 극단적 폭력이라고 부르는 형태의 폭력은 바로 이런 정치적 주체의 가능성을 잠식하고 더 나아가 파괴하는 폭력이다. 따라서 정치적 주체를 성립불가능하게 만드는 극단적 폭력의 문제를 다루지 않고, 그것을 제거 혹은 감축할 수 있는 실천적 해법을 모색하지 않은 가운데 해방의 정치를 주장하거나 새로운 주체형성의 문제를 제기하는 것은 아무런 효력이 없는 공문구에 그치기 십상이다. **정치적 주체화의 문제**는 (루이 알튀세르가 이론화한 의미에서) 이데올로기의 문제를 경유해야 하는 것은 물론이거니와 이제 여기서 한 걸음 더 나아가 (극단적) 폭력이라는 훨씬 더 까다로운 문제를 통과하지 않으면 안 된다.

마지막 세 번째로 발리바르의 폭력론은 반폭력의 문제를 **새로운 시민권 정치의 발명**이라는 문제와 연결해 사유한다는 특징이 있다. 사실 폭력과 대항폭력의 이항대립을 넘어서려는 시도는 벤야민 이후, 혹은 한나 아렌트[10] (혹은 들뢰즈·

---

10) 이런 관점에서 중요한 저작은 『폭력론』(1970)이라기보다는 『전체주의의 기원』(1951)이다. 어떤 면에서 발리바르는 아렌트가 『폭력론』, 『혁명론』(1963), 『인간의 조건』(1958)에서 제시한 몇몇 보수적 테제를 『전체주의의 기원』의 관점에 근거해 탈-구축하고 있다고 할 수 있

가타리,[11] 데리다) 이후 현대 폭력론의 공통 과제라고 할 만하다. 이런 이항대립의 극복이 중요한 이유는 현대 정치철학이 역사적 맑스주의의 몰락과 파시즘(또는 '전체주의')의 유령이라는 20세기의 두 가지 정치적 유산을 물려받고 있기 때

도 있다. 한나 아렌트, 김선욱 옮김, 「폭력론」, 『공화국의 위기』, 한길사, 2011; 이진우·박미애 옮김, 『전체주의의 기원』, 한길사, 2006. 아렌트의 논의에 대한 발리바르의 세밀한 독해로는 다음의 논문을 참조하라. 에티엔 발리바르, 진태원 옮김, 「폭력과 세계화: 시빌리테의 정치는 가능한가?」, 『우리, 유럽의 시민들?: 세계화와 민주주의의 재발명』, 후마니타스, 2010; "Arendt, le droit aux droits et la désobéissance civique," *La Proposition de l'égaliberté: Essais politiques 1989-2009*, Paris: PUF, 2010.

11) 들뢰즈와 가타리의 폭력론은 『신학정치론』의 「서문」에 나오는 베네딕투스 데 스피노자의 유명한 질문에서 출발한다. "전제정치의 근본적인 신비, 그 지주와 버팀목은 사람들을 기만의 상태 속에 묶어두고, 종교라는 허울 좋은 명목으로 …… 공포를 은폐해 사람들이 마치 구원인 양 자기 자신들의 예속을 위해 싸우게 만들고, 한 사람의 영예를 위해 피를 흘리고 목숨을 바치는 것을 수치가 아니라 최고의 명예인 것처럼 간주하게 만드는 것이다." 이 질문은 『반(反)오이디푸스』의 화두이자 『천 개의 고원』의 핵심 쟁점이라고 할 수 있다. "수세기에 걸친 착취 이후에도 왜 사람들은 다른 사람을 위해서만이 아니라 자기 자신을 위해서도 **현실적으로** 착취와 예속을 **원할** 정도까지 모욕과 착취를 감내하고 있는가? 대중의 무지나 환상을 파시즘에 대한 설명으로 받아들이기를 거부하고, 그들의 욕망을 해명할 수 있는 설명, 욕망의 관점에서 정식화된 설명을 요구했을 때, 빌헬름 라이히는 사상가로서 가장 심원한 경지에 도달한다. 대중은 전혀 순진한 얼뜨기들이 아니다. 어떤 지점, 이떤 일련의 조건 아래에서 그들은 파시즘을 **원했으며**, 해명될 필요가 있는 것은 대중의 이런 도착적 욕망이다." Gilles Deleuze et Félix Guattari, *L'Anti-Œdipe: Capitalisme et schizophrénie*, Paris: Minuit, pp.36~37.

문이다. 발리바르가 지적하듯이 "맑스주의가 '프롤레타리아' 운동이자 '계급투쟁' 이론이라는 **자신의 토대 위에서** 나치즘과 대결하는 데 무력했으며, 나치즘을 분석하고 나치즘이 위력 적인 이유를 이해하는 데 무능력"[12]했기 때문에 이 두 가지 의 유산은 어떤 의미에서는 한 가지의 유산이라고 할 수도 있다. 그것은 맑스주의를 포함하는 해방의 정치가 어떻게 그 자신의 관점에서, 그리고 그 자신의 토대 위에서 파시즘을 물 리칠 수 있는가라는 문제이다.

그런데 이런 정치적 유산을 (데리다 식으로 표현하면) 상 속하는 것은 필연적으로 다수의 형태를 띨 수밖에 없다. 맑 스주의가 그 본질적인 한계 때문에 파시즘과의 대결에서 무 능력했다는 점을 인정한다 하더라도, 그런 한계가 어떤 것이 었는지에 대해서는 다수의 해석이 존재하기 마련이고, 또한 그런 한계를 지양하거나 전위轉位시키려는 다수의 실천 전략 이 존재할 수 있기 때문이다. 발리바르의 독창성은 거의 대 다수의 현대 철학자들이 (가령 푸코나 들뢰즈/가타리, 바디 우, 지젝, 아감벤 등을 비롯해 자크 랑시에르와 안토니오 네 그리까지) 반反국가적 관점, 더 나아가 반反제도적 관점을 택 하고 있는 데 반해 **파시즘과의 대결이라는 문제**, 더 나아가 극단 **적 폭력의 퇴치라는 문제를** 시민권 제도의 쇄신 내지 재발명의 문

---

12) 발리바르, 『우리, 유럽의 시민들?』, 188쪽.

제와 결부시켜 사유한다는 점에 있다. 이것은 시민권 제도야말로 폴리테이아politeia, 곧 정치적인 것the political의 본질을 이루며, (정치적) 주체화의 핵심 메커니즘을 구성한다는 발리바르의 깊은 이론적 신념에서 비롯된 생각이다. 반폭력의 정치가 오늘날 진보 정치의 근본 과제 중 하나를 이룬다면, 그 이유는 극단적 폭력의 메커니즘이 정치적 주체화의 가능성을 잠식하고 있기 때문이다. 거꾸로 시민성의 재발명이라는 과제가 반폭력의 정치를 위한 조건을 이룬다면, 그 이유는 반폭력의 정치가 인민 대중 자신의 과제일 수밖에 없기 때문이다. 이런 의미에서 반폭력의 문제는 발리바르의 정치철학에서 중핵을 이루는 문제라고 할 수 있다.

이 작은 책을 번역하는 과정에서 여러 사람의 도움을 받았다. 우선 도서출판 난장의 편집장이자 촉망받는 젊은 문화 연구자이기도 한 이재원 형에게 깊은 감사의 말을 전하고 싶다. 작업이 끝없이 지연되는 과정에서도 이재원 형은 늘 쾌활하게 지켜봐주고 여러 가지 조언을 아끼지 않았으며, 본문의 교정교열뿐만 아니라 부록으로 실린 프리드리히 엥겔스의 논문을 직접 발췌·번역해주기도 했다. 거친 원고가 이렇게나마 한 권의 책으로 나올 수 있게 된 것은 그의 노력 덕분이 아닐까 한다. 또한 발리바르와 랑시에르 저작에 관한 세미나를 하면서 번역 원고를 읽고 귀중한 논평과 조언을 해준 새움 현대정치철학 세미나의 동료들에게도 고마운 마음을 전하고 싶다. 2년 가까이 진행했던 세미나가 그들의 작업에도 얼마간 도움이 됐기를 바란다. 번역은 한편으로 보람 있는 일이지만, 다른 한편으로는 지극히 괴롭고 고통스러운 일이라는 것을 다시 한 번 절감하게 된다. 이 책이 독자들에게 얼마간 좋은 논의거리가 되어주길 기대해본다.

2012년 1월
진태원

찾아보기

ㄱ·ㄴ

간디(Mahatma Gandhi) 82, 90,
90~91n64
강제/학살수용소(camp de
concentration/d'extermination)
98, 110~112, 114n*, 115,
119~121n19, 131
게바라(Ernesto 'Che' Guevara)
82, 83
게발트(Gewalt) 10n*, 13~19, 22,
24~38, 43, 46~49, 54~59, 64~66,
68, 69, 73, 75, 81, 82, 84, 87,
150n*, 151, 155~157, 159~162,
167, 168, 170, 171, 173~175, 183,
184
  ~와 폭력 → '폭력' 항목 참조
  ~의 등가어 18, 19, 47, 48
  국가게발트(Staatsgewalt) 22, 26,
  30, 31, 33, 48, 49, 164, 183
  권력으로서의~ 48
  맑스의 해석 35~58
  엥겔스의 해석 16~35, 167~190
  폭력으로서의~ 48
그람시(Antonio Gramsci) 77, 90,
91, 92, 102
나치즘(nazisme) 59, 76, 80, 114,
127, 212
  히틀러(Adolf Hitler) 87, 126

니체(Friedrich Nietzsche) 19, 62,
85, 128, 142, 144
  『도덕의 계보학』(Zur Genealogie
  der Moral) 19
  『선악을 넘어서』(Jenseits von Gut
  und Böse) 19

ㄷ

당게(Shripat Amrit Dange) 91n64
대립물의 통일(unité de contraire)
11, 19, 40
데리다(Jacques Derrida) 10n*, 58,
88n62, 108, 132
  『법의 힘』(Force de loi) 10n*,
  88n62, 205, 206n6
독재(dictature) 59, 190
  부르주아 독재(dictature de la
  bourgeoisie) 42, 70
  사실상의 독재(tatsächliche
  Diktatur) 21, 183
  프롤레타리아 독재(dictature du
  prolétariat) 15, 19, 40, 42, 57, 64,
  66, 69~71, 90
드 골(Charles de Gaulle) 29
드브레(Régis Debray) 82n57, 83
들뢰즈(Gilles Deleuze) 56, 86,
97n1, 118, 204n2, 210, 211n11,
212

『반(反)오이디푸스』(L'Anti-Œdipe) 86, 211n11

『천 개의 고원』(Mille Plateaux) 86

ㄹ

라 보에티(Étienne de La Boétie) 78

　자발적 예속(la servitude volontaire) 52, 78, 119

라살레(Ferdinand Lassalle) 25, 57

라이히(Wilhelm Reich) 86, 211n11

　『파시즘의 대중심리』(Die Massenpsychologie des Faschismus) 86n60

란츠만(Claude Lanzmann) 114

　『쇼아』(Shoah) 114

랑시에르(Jacques Rancière) 136, 212, 213

　몫 없는 이들의 몫(part des sans part) 136

레닌(Vladimir Ilyich Lenin) 61, 65, 66~72, 82, 90, 204n2, 209

　~과 간디 91n64, 204n2, 209

　~과 전쟁 65~71

　볼셰비즘(bolchevisme) 15

　10월 혁명(La Révolution d'Octobre) 69

레비(Primo Levi) 112, 114, 115, 131

로베스피에르(Maximilien Robespierre) 41

롤즈(John Rawls) 139

　어휘들의 순서(lexicographical order) 139n*

루셰(Georg Rusche) 75

루카치(György Lukács) 77

룩셈부르크(Rosa Luxemburg) 38, 43, 50, 55, 61, 63, 66, 88n*, 89

　『사회민주주의의 위기』(Die Krise der Sozialdemokratie) 38

　『자본축적론』(Die Akkumulation des Kapitals) 50

룸펜프롤레타리아트 (Lumpenproletariat) 54, 87

르포르(Claude Lefort) 136

　민주주의의 발명(invention démocratique) 136

리카도(David Ricardo) 41

ㅁ

마오쩌둥(毛澤東) 82, 83, 209

마키아벨리(Niccolò Machiavelli) 11, 72, 144

말로(André Malraux) 22

맑스(Karl Marx) 12~14, 18, 20, 23~25, 31, 35~58, 60~70, 74, 77, 87, 151, 152, 154, 161, 174

　「라인 지구 민주주의자 위원회에 대한 재판」(Der Prozeß gegen den Rheinischen Kreisausschuß der Demokraten) 47n27

　「직접적 생산과정의 결과들」[직접적 생산의 제결과](Resultate des unmittelbaren Produktionsprozesses) 51, 52, 56

　「포이어바흐에 관한 테제」(Thesen über Feuerbach) 40

　『공산당 선언』(Manifest der Kommunistischen Partei) 24, 35, 40, 41, 43, 113, 152

　『독일 이데올로기』(Die deutsche Ideologie) 41, 152

『루이 보나파르트의 브뤼메르
18일』(Der 18te Brumaire des Louis
Bonaparte) 23, 42, 53
『신성가족』(Die heilige Familie) 41
『자본』(Das Kapital) 35, 36n14,
38n18, 40, 43, 44, 46, 47n24~26,
48n28, 49n29~30, 52~55, 72, 75,
152, 161
『철학의 빈곤』(Das Elend der
Philosophie) 39n*
『프랑스에서의 계급투쟁』(Die
Klassenkämpfe in Frankreich
1848-50) 23, 42
미등록 체류자들(sans-papiers) 138

ㅂ
바디우(Alain Badiou) 123~126,
208n8, 212
『윤리학』(L'Éthique) 123, 124n20,
125n22, 126n23
바우만(Zygmunt Bauman) 116
『근대성과 홀로코스트』
(Modernity and the Holocaust)
117n17
바쿠닌(Mikhail Bakunin) 25, 57
바타이유(Georges Bataille) 86~88,
111, 129
낭비(dépence) 111
「파시즘의 심리구조」(La structure
psychologique du fascisme) 86,
87n61, 130n26
반자본주의적 [계급투쟁의] 순환
(le cycle [des luttes de classes] anti-
capitalistes) 60~75
반제국주의적 투쟁의 순환(le cycle
des luttes anti-impérialistes) 75~91

발리바르(Étienne Balibar) 10n*,
40n*, 69n43, 88n**, 118n18,
121n*, 134n30, 135n31, 139n*,
161, 203~213
권리들을 가질 권리(right to have
rights) 138, 139n*
반폭력의 정치(politique de l'anti-
violence) 135, 204n2, 210~213
시민다움(civilité) 58, 95, 96, 134,
135, 140~145, 204n2, 209
억압불가능한 최소(incompressible
minimum) 118, 122
평등자유(égaliberté) 135, 137, 140
해방적 봉기(insurrection
émancipatrice) 96, 136
베르그손(Henri Bergson) 63, 97n1
베른슈타인(Edouard Bernstein) 17,
61, 63~65, 153
『사회주의의 전제와 사회민주당
의 과제』(Die Voraussetzungen des
Sozialismus und die Aufgaben der
Sozialdemokratie) 63
베버(Max Weber) 11, 20, 143,
144n38, 146, 147, 205
「국민국가와 국민경제 정책」
(Der Nationalstaat und die
Volkswirtschaftspolitik) 20
「국민사회 정당 창설에 대하여」
(Zur Gründung einer national-sozialen
Partei) 20
「직업으로서의 정치」(Politik als
Beruf) 143, 144n38, 147
베이유(Simone Weil) 103, 107,
142n36
벤야민(Walter Benjamin) 19, 63,
86~88, 205, 210

「역사의 개념에 대하여」(Über den Begriff der Geschichte) 86, 88n62, 88n**

「폭력의 비판을 위하여」(Zur Kritik der Gewalt) 86, 88n62

보나파르트(Louis-Napoléon Bonaparte) 21, 163, 165, 180, 182, 184, 188

　보나파르트주의(bonapartisme) 21, 23, 25, 31, 188, 190

부정의 부정(négation de la négation) 12, 39

부하린(Nicolai Bukharin) 66

붉은여단(Brigate Rosse) 73

블랑키(Auguste Blanqui) 64, 88

비스마르크(Otto von Bismarck) 17~23, 25, 31, 160, 161, 163~165, 175~190

　철혈 정책(Blut und Eisen) 18n2, 22, 160, 161, 175~190

비정치(impolitique) 128

ㅅ

사르트르(Jean-Paul Sartre) 83, 97n1

사물화(Verdinglichung) 77

사회민주주의(social-démocratie) 15, 17, 25n7, 88n**, 158

상품 물신숭배(fétichisme de la marchandise) 14, 49, 77

세계화(mondialisation) 12, 15, 139

소렐(Georges Sorel) 19, 61~63, 72, 87

　『폭력에 대한 성찰』(Réflexions sur la violence) 19, 61, 62n37

소외(aliénation) 12, 77, 173

슈미트(Carl Schmitt) 21, 74, 83, 204n2

『파르티잔 이론』(Theorie des Partisanen) 83

슘페터(Joseph Schumpeter) 50

스탈린(Joseph Stalin) 69, 72

스피노자(Benedictus de Spinoza) 118, 119, 122~124, 126, 128

　『윤리학』(Ethica) 122

시초 축적(ursprüngliche Akkumulation) 35, 36, 48, 50, 54, 55

실질적 포섭(reale Subsumption) 52

ㅇ

아감벤(Giorgio Agamben) 98, 99n4, 106, 204n2, 206, 212

　벌거벗은 생명(nuda vita) 99, 106

　예외상태(Stato di Eccezione) 98, 207n7

　호모 사케르(homo sacer) 99n4, 206n7

아도르노(Theodor W. Adorno) 75~80, 85, 131

　~와 파시즘 75~81

　「과거에 관해 작업한다는 것은 무엇을 의미하는가?」(Was bedeutet: Aufarbeitung der Vergangenheit?) 75~77

　『계몽의 변증법』(Dialektik der Aufklärung) 79

　『권위주의적 인성』(Studien zum autoritären Charakter) 77

아렌트(Hannah Arendt) 36, 97n1, 98n2, 107, 109, 110, 131, 132n28, 137~140, 210n10

악의 평범성(banality of evil) 132
『과거와 미래 사이에서』(Between
Past and Future) 36
『전체주의의 기원』(The Origins of
Totalitarianism) 98n2, 109, 110n10,
137, 140n33
알튀세르(Louis Althusser) 61, 210
이데올로기 국가장치(appareils de
idéologiques d'État) 61
최종심급에서 경제의 결정
(détermination économique en
dernière instance) 32
엔첸스베르거(Hans Magnus
Enzensberger) 52
분자적 내전(guerre civile
moléculaire) 52
엠벰베(Achille Mbembe) 97n1, 106
엥겔스(Friedrich Engels) 13~36,
38, 46, 57, 60, 63, 66, 69, 70, 81,
151~190
『공상적 사회주의와 과학적 사
회주의』(Socialisme utopique et
socialisme scientifique) 17
『역사에서 게발트가 행한 역할』
(Die Rolle der Gewalt in der
Geschichte) 13, 16~35, 151, 155,
156, 160, 161, 163~190
『오이겐 뒤링 씨의 과학 변혁
(반-뒤링)』(Herrn Eugen Dührings
Umwälzung der Wissenschaft
[Anti-Dühring]) 13n1, 16~20, 24,
26~35, 36, 151~157

ㅈ
자율주의(operaismo/autonomia
operaia) 51, 52, 74

네그리(Antonio Negri) 51, 74,
212
트론티(Mario Tronti) 51, 74
판지에리(Raniero Panzieri) 51
적군파(Rote Armee Fraktion) 73
정치의 문명화(civilisation de la
politique) 16, 28, 141n35
제2인터내셔널(Deuxième
Internationale) 16, 53, 59, 60, 62,
67n41, 161
제3인터내셔널(Troisième
Internationale) 72
조레스(Jean Jaurès) 61
죽음의 증식(multiplication de la
mort) 106, 108, 112
지배충동(Bemächtigungstrieb) 132
지배형태(forme de domination)
11, 12

ㅊ·ㅋ·ㅌ
총파업(Grève générale/
Generalstreik) 61~63
카뮈(Albert Camus) 142
『반항하는 인간』(L'homme révolte)
142
카스트로(Fidel Castro) 82
카우츠키(Karl Kautsky) 61
칸트(Immanuel Kant) 22, 127,
128, 131, 132, 147
콘래드(Joseph Conrad) 108
『암흑의 핵심』(Heart of Darkness)
108
클라우제비츠(Carl von Clausewitz)
38, 68, 130n27, 204n2
키르히하이머(Otto Kirchheimer)
75

통제사회(Société de contrôle) 56, 86n60
투키디데스(Thoukydidēs) 11
트로츠키(Leon Trotsky) 61
특수부대(Sonderkommandos) 114, 115

ㅍ

파네쾨크(Anton Pannekoek) 61
파농(Franz Fanon) 60, 83~85, 108
파시즘(Fascisme) 59, 60, 62, 63, 72, 85, 87, 88
　무솔리니(Benito Mussolini) 62, 87
포스트식민주의[지]](post-colonialisme[colonie]) 15
폭력(pouvoir) 10n*, 11~15, 19, 24, 26~31, 34~37, 40~56, 58, 60~62, 66~76, 79, 81~91, 95~106, 109~113, 116~119, 122, 123, 128~136, 140, 143~145, 156, 162, 203~213
　극단적 폭력(extrême violence) 35, 37, 49, 50, 53, 68, 83, 85, 88, 96, 97, 99~101, 106, 109, 111, 112, 116~119, 122~133, 136, 140, 145, 203, 204n2, 206, 210, 213
　근본악(mal radical)으로서의~ 34, 126n23, 127, 131, 132
　대항폭력(contre-violence) 113, 118, 144, 147, 205, 207, 208, 210
　비폭력의 정치(politique de non-violence) 82, 90, 144, 145, 205, 207~209
　신의 폭력(göttlichen Gewalt) 88
　인간적인 것의 파괴(la destruction de l'humain)로서의~ 128~130
　정치적인 것의 파괴(la destruction du politique)로서의~ 128, 129
　제도적 폭력(Gewalt institutionnelle) 31, 60~75
　초객체적/초주체적(ultra-objective/ultra-subjective) 폭력 89, 129
　~에 관한 형이상학적 접근 27, 34, 126, 128, 208
　~의 구성적/헌정적 측면(côté constitutionnel) 19, 133, 134, 136
　~의 정치(politique de la violence) 69, 81, 90
　~의 파괴적 측면(côté destructeur) 19, 21, 27, 32, 38, 42~44, 50, 68, 74, 79, 81, 85, 88, 98n2, 99, 114~116, 119n19, 122, 127, 129~132, 142, 145, 147, 174
푸코(Michel Foucault) 38, 60, 74, 75, 101, 137, 145, 204n2, 212
　헤테로토피아(hétérotopie) 137, 145
프로이트(Sigmund Freud) 77, 85, 86, 89, 132, 133, 141n35, 204n2
　『문명 속의 불만』(Das Unbehagen in der Kultur) 77, 141n35
　『집단심리학과 자아 분석』(Massenpsychologie und Ich-Analyse) 77, 141n35
프롤레타리아트(prolétariat) 22, 24, 29, 32, 39, 41, 42, 48, 49, 52~58, 62, 66, 70, 71, 87, 152, 169, 187
　~의 주체화(subjectivation du prolétariat) 53, 56, 58, 74, 210, 213
　~ 정치(politique prolétarienne) 52~58

프루동(Pierre-Joseph Proudhon)
39, 61, 142, 152

ㅎ
행동을 통한 프로파간다
(propagande par le fait) 61~63
헤겔(Georg Wilhelm Friedrich
Hegel) 27, 29~31, 33, 34, 39,
68, 97n1, 105, 119, 144, 146n39,
204n2
혁명(révolution/revolution) 11, 12,
14~17, 19~21, 24, 30~33, 36,
40~45, 48, 50, 53~73, 82, 83, 85,
88~91, 125n21, 127, 142, 143,
147, 152~165, 174, 177, 183
미국 혁명(La Révolution
américaine) 33
민중혁명/아래로부터의 혁명
(révolutions populaires/révolutions
d'en bas) 31, 36, 57, 72, 147
영속혁명(révolution en
permanence) 14, 42, 62

위로부터의 혁명(Revolution von
oben) 20, 24, 31, 57, 161
1848년 혁명 14, 42, 177
프랑스 혁명(La Révolution
française) 24, 30, 33, 73, 187
~의 문명화(civilisation de la
révolution) 16, 50, 91
~적 주체화(la subjectivation
révolutionnaire) → '프롤레타리아
트의 주체화' 항목 참조
~적 파국주의(catastrophisme
révolutionnaire) 39~43
현실정치(Realpolitik) 20, 21, 37,
179
홉스(Thomas Hobbes) 122, 133,
141, 204n1
홉스봄(Eric Hobsbawm) 75
홉슨(John A. Hobson) 66
힐퍼딩(Rudolf Hilferding) 66

폭력과 시민다움
반폭력의 정치를 위하여

게발트 이론(I~III) ⓒ 1994 박종철출판사
역사에서 게발트가 행한 역할 ⓒ 2012 이재원
All Rights Reserved

초판 1쇄 인쇄 | 2012년 1월 6일
초판 1쇄 발행 | 2012년 1월 13일
초판 2쇄 발행 | 2022년 12월 12일

지은이 | 에티엔 발리바르
옮긴이 | 진태원
편 집 | 이재원
펴낸곳 | 도서출판 난장·등록번호 제307-2007-34호
펴낸이 | 이재원
주 소 | (04380) 서울시 용산구 이촌로 105 이촌빌딩 401호
연락처 | (전화) 02-334-7485 (팩스) 02-334-7486

책값은 뒤표지에 있습니다.
잘못 만들어진 책은 구입하신 서점에서 바꿔드립니다.
ISBN 978-89-94769-05-9 03100

이 도서의 국립중앙도서관 출판시도서목록(CIP)은
e-CIP 홈페이지(http://www.nl.go.kr/ecip)와
국가자료공동목록시스템(http://www.nl.go.kr/kolisnet)에서
이용하실 수 있습니다.(CIP제어번호: CIP2012000441)

이 저서는 2007년도 정부(교육과학기술부)의 재원으로
한국연구재단의 지원을 받아 연구되었음.(NRF-2007-361-AL0013)